# 「ヤミツキ」の力

廣中直行　遠藤智樹



光文社新書

# まえがき

本書は、人間が楽しみを求め、何かに夢中になる心理と、そういう心が人生を豊かにし、自分でも気がついていない隠れた能力を引き出して輝かせてくれる可能性について考えてみたものである。

その心のことを「やみつき」と表した。「やみつき」とは、もともと「病んで」「床《とこ》につく」重症の病的状態を言う。だが、このごろでは「好きになってやめられないこと」という意味に使われる。本書では、その言葉をもっとポジティブに解釈してみたい。

私は薬物依存の研究をしている。

このごろ学生やスポーツ選手、芸能人などがドラッグに手を出して御用になる。ああいうドラッグが私の研究対象である。

薬物依存とは、端的に言うと心と体が薬物の虜《とりこ》になって、やめようと思ってもやめられなくなった状態である。アルコールもニコチンも依存の対象になるドラッグであり、その恐ろしさはどれだけ強調してもしすぎることはない。

しかし、改めて考えてみると、なぜ人はある種のドラッグに依存してしまうのだろうか？人は酩酊《めいてい》感や高揚感を求める。地味に日常生活を送るだけでは私たちの心は満足せず、どんな生活であってもなんとか美しさや楽しさを演出して非日常の感覚を楽しむ。また、たくさんの仲間と一緒に何かをし、強いきずなで結ばれていると感じられれば嬉しい。そこには一種の陶酔感がある。こういう心は、人間が人間らしく生きていくために必要なものなのだと思う。

だが、そんな心を実現させてくれるものはおいそれと手に入るはずがない。そこでもし、私たちが求めるのと似たような感じを起すモノを、苦労せずに今すぐ手に入れたいと思うと、「ドラッグ」に目が向くことにもなる。いったんその道にハマったら、行き着く果ては依存症である。

しかし、依存症の対象になるものを悪玉とするならば、こういう安直な「ショートカット」ではなく、本ものの高揚感や陶酔感を与えてくれ、良い意味で私たちを虜《とりこ》にしてくれる善玉がいるはずなのだ。それは、依存症とどこか似ている、いわば「兄弟」と呼べるモノだ。

依存を研究する人間として本書を書くということは、その「兄弟」とはどんなものなのかを考えたという意味でもある。実証は難しく、一つの学問領域だけでアプローチできるものでもないが、心理学や神経科学を基盤にして、いまの時点でわかっていることをできる限り描いてみようとした。ただ、薬理学がメインの私一人の力では限界があった。そこで親友の遠藤君の力を借りることを思いついた。

彼は私が教員になったばかりのころの大学院生で、社会心理学の専攻。私の講義では、動物行動学に基づいて人間のいろいろな行動を考えた。卒業後、彼は社会調査の会社で仕事をしていたので、私自身が統計調査やその解析をするときにずいぶん世話になった。

その遠藤君は、実はゲーム雑誌で連載を持つライターでもある。連載を持っているくらいなので、もちろんゲームの達人。ゲームがどれだけコミュニケーションの世界を広げるか、本気で考えて熱く生きている。文章のセンスも若々しい。

本書は完全な合作である。分担して書き分けたわけではない。一人が書いた原形にもう一人が手を入れ、さらにそれを原形を書いたほうに投げ返し、キャッチボールをしながら書きあげていった。二人の考えを完全に混ぜ合わせ、とくにことわらない限り、「私」と言ったときに廣中か遠藤かわからないようにした。いかにも「ここは50代の廣中が書いたのだろう」と思われるところを実は遠藤が書き、「これは30代前半の遠藤の手になる文章だろう」と思われるようなところを廣中が書いている場合もたくさんある。これはちょっとしたいたずらのつもりで。

本書は大きく分けて三つのパートからできている。

第一のパート（第1章と第2章）では「やみつき」とはいったいどういうことなのかを考える。

第二のパート（第3章と第4章）では、人はどうして何かのやみつきになるのか、その原理のようなものを考える。

第三のパート（第5章と第6章）では、やみつきになると何の良いことがあるのかを考える。

最後（第7章）に、「やみつき」から見えてくる人間の姿のようなものを考える。

病気としての依存症との区別には十分配慮したつもりである。

ていねいな解説を心がけたつもりだが、本書で提示した話題はあくまで素材である。どのように人生を豊かにするかを、読者がご自身で考えるためのヒントに使っていただけるとありがたい。

なお、第1章で取り上げた山口県の島田人形浄瑠璃芝居については、島田人形浄瑠璃芝居保存会会長の原田秀明さんから貴重な御教示をいただき、さらに写真も提供していただいた。その他イラストを作成してくれた柴宏和さん、大学生アスリートとしての文章掲載を許諾していただいた関口義人さんはじめ、この本が生まれるまでに御世話になった多くの方々に深く感謝します。この本の構想を思いついた光文社の古川遊也さんにも感謝します。構想が芽生えたころに生まれた蝉《せみ》が、今年は元気良く木の上で鳴いていましたね。彼は学生時代に聞いた私の授業から本書の構想を思いついたそうです。悪いことはできませんね。これも教員時代の仕事の後始末の一つかも知れませんが、未来に向かって種を蒔《ま》いたと思えば、後始末もまた楽しいものです。

廣中直行

目次

# 第1章

# 「やみつき」ことはじめ

# 「やみつき」が文明を作った

## 「はやぶさ」を生んだ力

２０１０年６月13日、小惑星探査機「はやぶさ」は７億キロの宇宙の旅を終えて帰ってきた。大気圏再突入の３時間前、「はやぶさ」のカメラはついに懐かしい地球の姿をとらえた。打ち上げ以来７年が経過していた。

イオンエンジン、自律誘導航法、小惑星探索ローバ……数々の最新技術を搭載した「はやぶさ」の小惑星「イトカワ」への旅は、しかしながらトラブルの連続だった。

中でも最大のトラブルは、打ち上げから３年後、「はやぶさ」が「イトカワ」に最も接近したときに起こった。「はやぶさ」は地球から３億キロ彼方《かなた》の宇宙空間で行方不明になってしまったのだ。

「今日はどうだった？」

「だめだった」

そんな会話の繰り返しだった、とプロジェクトリーダーの川口淳一郎教授（宇宙航空研究開発機構）は語る。

運用室からは１人去り、２人去った。それまでは誰かが入れ替えていたポットのお湯を入れる人もいなくなり、「プロジェクトが終焉《しゅうえん》に近いことを感じさせたくない」と思った川口教授が自らポットのお湯を替えた。

しかし、「はやぶさ」は生きていた。通信途絶から46日後、突然「はやぶさ」からの電波が届いた。途絶前とは逆方向に自転していたのだという。そしてなぜか、「はやぶさ」の補充電源回路にスイッチが入った。川口教授はこれを「不思議だ」という。なぜなら、そんなプログラムはどこにも書かれていなかったからだ。

はやぶさ　©JAXA

人類史上初めて地球外の化学物質を私たちに届けてくれた「はやぶさ」。そのプロジェクトはどうやって始まったのか？

川口教授によれば、「興味のある人は集まってください」と呼びかけた、ただそれだけのことだったそうだ（川口淳一郎、２０１０『はやぶさ、そうまでして君は』宝島社）。

私たちは、「はやぶさ」の何がどんなふうにスゴいと思ったか？

このハイテク技術が日本の産業に大きな繁栄をもたらす？　この技術的要素が数々の新製品を生む？　このチームワークが学校や企業を伸ばす教訓を与えてくれる？　アメリカや中国との競争に勝つソフトやハードの秘訣《ひけつ》を教えてくれる？

もちろんそれらはすべて正しいだろう。

だが、あえて言えば、そんなことはひとつも大事なことではないのだ。

「こんなことがやってみたい」

「あの日比谷公園ぐらいの大きさの小惑星に何があるのか見たい」

その動機が多くの科学者や技術者を動かした。

私（廣中）は、それを「やみつき」の力だと思う。

### 人を惹きつける力

人間のやることには、どこか「やりすぎ」の部分がある。そしてそういう「やりすぎ」の部分をこそ、私たちは「美しい」と思ったり「すごい」と思ったりする。

日光東照宮の陽明門、エジプトのピラミッド、インドのタージ・マハル、カンボジアのアンコール・ワット……。歴史に残る建造物を眺めて思うことだが、はっきり言ってここまで息を呑むほど「美しく」造る必要はなかったのではないだろうか？　質実剛健というか、墓なら墓標で十分だし、礼拝堂なら私の地元の森にあるような祠《ほこら》で十分だ。なぜこんなに完璧なカタチや、空間をうずめ尽くす装飾を求めたのだろう？

「はやぶさ」とは違って、昔の建築現場で働かされた労働者たちは、権力者の思いのままに過酷な労働を強《し》いられていたのに違いない。だからこういった建物を手放しで礼賛するわけにはいかないと言われたらその通りだ。だが、ああいったものを造ろうとする動機には、「もっと美しいものを」「もっと壮大なものを」「完璧なものを」という気持ちがあったことだろう。そして、その気持ちがひとたび走り出したら止められなかったのではないか。つまりは「やみつき」と似たところがあったのではないかと想像してみる。

これはなにも壮大な建物に限った話ではない。

小さな宝飾品、細工物、織物、何気ない日用品にも「何でこんなに美しいのだろう」「ここまできれいにする必要はなかったのではないか」と思えるようなものがたくさんある。

そして、人間は古くから美しさに魅せられてきた。

たとえば、古代日本で盛んに作られたヒスイの勾玉《まがたま》。勾玉は何の役に立ったのかと問われ

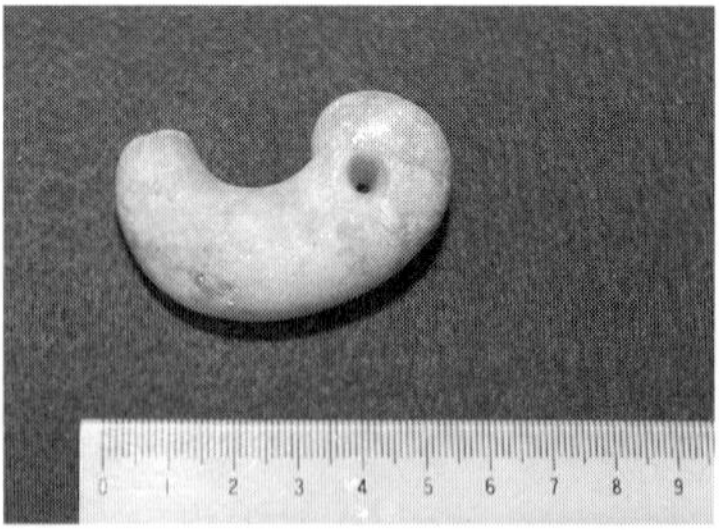

ヒスイの大勾玉　©朝日新聞社

ると結局よくわかっていない。ともかく装身具だったのだろうと考えられているようだ。この形に人間の胎児に似たところがあるから呪術的な意味があるという人もいるが、それが実証されたわけではない。

だが、「ピカピカでツルツルのものは美しい」と思う心は昔もいまも変わらない。私たちが求める宝飾品もそのようなものだ。結局、それが勾玉の本質かもしれない。

驚いたことに、出雲で出土した勾玉を化学的に分析してみると、このヒスイは新潟県の糸魚《いとい》川の流域で採れたものだそうである。いまなら糸魚川と出雲の距離ぐらい何でもないが、たいした交通手段もなかった古墳時代のことだ。そのころ、誰かがわざわざ出雲から糸魚川まで出向いてヒスイの原石を拾ってきたことになる。美しさを追求するために昔の人はなんと大変な努力をしたものだろう。古代の人がどんなふうにヒスイを愛《め》で、どんなふうに勾玉を磨いたのかはわからなくても、美を求める執念の強さはよくわかる。

「美しさ」は昔から人の心を駆り立て、「どんな手だてを講じてでも手に入れたい」と思わせるほど、人を虜《とりこ》にしてきたのだ。

美しさのためなら人はとことんまでやるということはまた、形のあるものに限った話でもない。たとえば、日本の能楽を見てみよう。そこには足の運びから指先の動きまで、あるときは流れるように滑らかに、あるときには美しい静止画のように、すみずみまでぴんと張りつめた神経が行き届いている。『土蜘蛛《つちぐも》』のように、特撮映画なみのスペクタクルシーンを持ったものもある。

これがまた、一部の特殊な技能を持った人だけの話ではないから面白い。

日本の津々浦々に農村歌舞伎や人形浄瑠璃がある。芸能、芸術、技芸も、ごく普通の庶民を虜にし、夢中にしてきた。

私（廣中）の郷里の話をさせてもらうと、江戸時代にその地方一帯が「島田百軒」といわれるほど多くの家が支え、隆盛をきわめた人形浄瑠璃があった。この人形芝居は、室町時代、応仁年間に疫病がはやったことから起こった。キュウリに衣装を着せて舞いのまね事をし、それを祇園様に奉納したのが起源だという。洋の東西を問わず、神は芸能を好む。「百軒」と呼ばれる家の中には「本頭《ほんとう》」という家が二十軒から三十軒あった。この家は、もちろん農

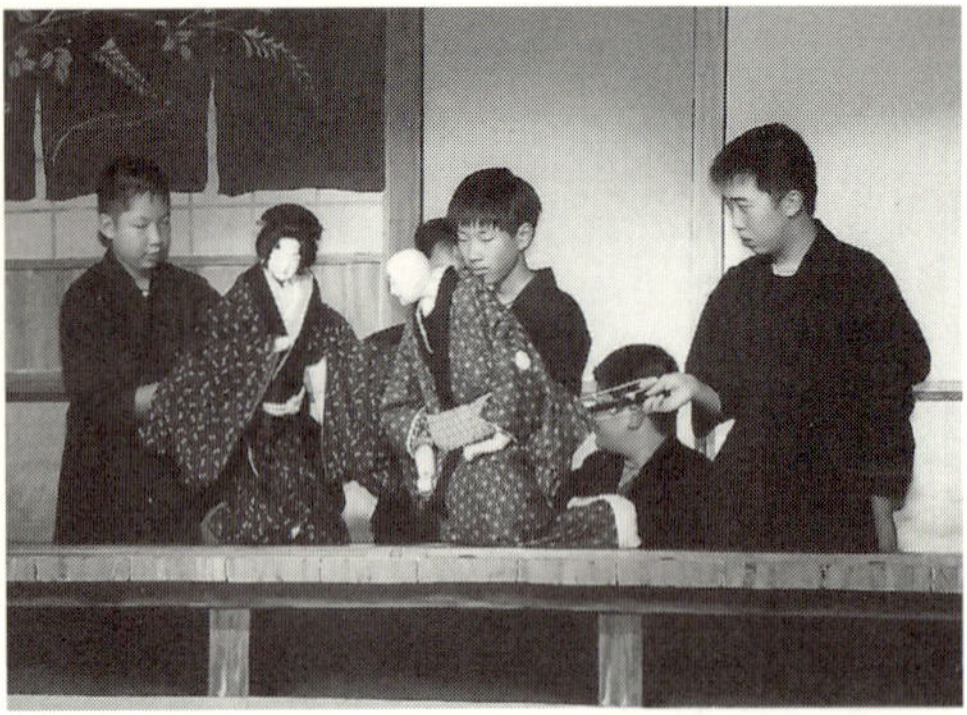

山口県光市の島田人形浄瑠璃

業が本業ではあるが、人形遣いや浄瑠璃語りを世襲してきた。だからもうセミプロといってもいいくらいだ。本頭以外の家が「脇頭《わきとう》」となり、芝居小屋を維持・管理してきた。この浄瑠璃は五穀豊穣《ほうじょう》を願って神社に奉納する技芸で、氏子中が春は麦、秋は籾《もみ》を一升ずつ奉納して上演費用に充てる。とはいえ、何百年もの間こういう伝統芸能が続いてきたのはなぜか？ そこには、農村の日常生活からしばし離れて「楽しむ」「遊ぶ」心が働いていたように思う。そしてすばらしいことに、この浄瑠璃は若い人々に継承されているのである。地元の中学校の部活として、今も子供たちが練習する姿を見ることができる。

この人形浄瑠璃はもともと阿波から来たものだ。私の郷里だけでなく、日本全国の至るところに盛んな伝統芸能がある。

芸というものは、いかに素人がやるものとはいえ、ひとたびある水準に達すると、それより「落とす」ことはできない筋合いのものだ。だからどんどんエスカレートして、レベルがあがっていく。これは芸能だけではなく、スポーツでも科学の研究でも同じだ。

人間は生きていくために必要な最低限のことだけをやってきたわけではない。生きるのが大変な時代でも、壮大なこと、美しいこと、楽しいことに夢中になり、そのための労力をいとわなかった。そうした夢中になること、労力をいとわないこと、寝食さえも忘れてしまうようなことを、これから本書では「やみつき」と呼ぼう。人間に「やみつき」になる性質がなかったら、今日のような文明を築くことはなかっただろう。私たちの文明はどこか「やりすぎ」「行きすぎ」「剰余」といったものを土台にして築かれていると思う。

## 「やみつき」と人生

### 「やみつき」ライフヒストリー

文明という大きな存在を持ちだしたが、どんなちっぽけな人生にも、「やみつき」の要素はあるはずだ。「自分には関係ない」ということはない。それは多くの場合、「生きる」こと

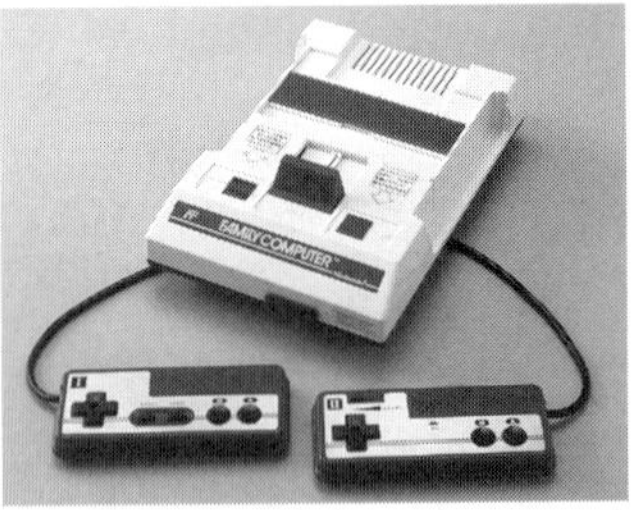

1983年発売の任天堂「ファミリーコンピュータ」

を楽しく豊かにしてくれるのではないだろうか。

著者自身の話で恐縮だが、本書の主題である人間の「やみつき」行動を探るうえで、少し私（遠藤）の個人史を紹介させていただきたい。おそらく、多くの「昔の男の子」なら「自分もそうだったな」「自分のほうがもっとすごかった」と思える話だろう。

私の最も古い記憶をたどると、最初の「やみつき」はおそらく『ウルトラマン』や『仮面ライダー』『ゴレンジャー』といった特撮ヒーロー作品のごっこ遊びだったと思う。当時の自分は毎日が「変身！」ざんまいで、ヒーローになることに「やみつき」になっていたに違いない。

幼稚園に入ると、算数に「やみつき」になった。「公文式」に通い始め、小学生になったころには連立方程式を解くようになっていた。なぜ「やみつき」になっていたのかを考えると、とにかく気持ちがよかったのだと思う。優越感ももちろんあった。他人ができない問題をスラスラ解けることは、達成感もさることながら、爽快感にも直結していて、いまにして思えば自尊心も育まれていただろう。天狗になることを覚えた、というわけだ。

同時に、いわゆるゲームにも目がない小学生だった。私は、ファミコン（ファミリーコンピュータ）世代と呼ばれるゲーム好きだ。ただ実際には、私はファミコンを買ってもらう以前に、もっと広い意味でゲームに「やみつき」になっていた。

「テーブルトークＲＰＧ（ロールプレイングゲーム）」（ＴＲＰＧ）というものがある。言葉の通り、何人かでテーブルを囲んで、紙とペンと人のコミュニケーションで紡ぐＲＰＧである。いまゲーム機を通じて遊んでいるＲＰＧは、ＴＲＰＧで司会進行する人（ゲームマスター）の部分を機械が担当してくれる、いわば一人で遊べるようになったＴＲＰＧである。当時、親友の中学生の兄にゲームマスター（ルールや物語を作り、プレイヤーを導く存在）になってもらい、小学生の私や友人たちは、その中学生のお兄さんが目の前で作りだす世界の住人（プレイヤー）となって物語に没頭し、時間を忘れて楽しんでいた。

TRPG のイメージ図。真ん中の人物が「ゲームマスター」
ⓒ島方真紀

基本的にTRPGというゲームは、プレイヤーとゲームマスターとの対話である。いま日本で人気のRPGは、あらかじめプログラムされた課題をプレイヤーが解決していくわけだが、TRPGは、その場で課題が生み出されたり、予想外の物語が展開したりすることも少なくない。ゲームマスター（人）がリアルタイムで世界を創造しているからである。そして、ゲームマスターが創造する世界で、プレイヤーは想像力を膨らませて目的を達成する。ただプレイヤーとゲームマスターが会話をするだけでは即興劇になってしまうので、ゲーム性（運の要素など）を付け加えるためにダイス（サイコロ）を使う。ゲームマスターは、やろうと思えば簡単にプレイヤーたちを全滅させてゲームオーバーにすることもできる。けれど、自分が作ってきた物語を隅々まで遊んでもらいたいのがゲームマスターの本音。プレイヤーに生きるか死ぬかの緊張感を与え続けながらも、物語の最後までプレイヤーたちを導く手腕が問われる。プレイヤーは、作り込まれた世界観、自分たち以外の登場人物のリアリティーや個性などを受け、どんどんその世界へ没入していく。最初のうちはゲームをするプレイヤーとして、外から眺めるスタンスで参加していたのに、次第に自分のキャラクターになりきってキザなセリフを言いだしたりすると、もうTRPGの虜になっている証しだ。いかに面白い世界を提供し、いかにその世界の住人になりきって楽しむことができるか。こうした人

『スラムダンク』最終回。ライバル同士の桜木花道（右）と流川楓がお互いを認め合ってハイタッチするシーン　©井上雄彦　I. T. Planning, Inc.

と人との直接対決、そして想像力の交流がＴＲＰＧの魅力である。

ＴＲＰＧにずいぶん紙幅を割いてしまったが、こうした綿密な下準備を要する遊び以外にも、人生ゲーム、モノポリー、社長ゲームといった、パッケージされたゲームはもちろん、マンガやアニメ・テレビゲームのキャラクターを登場させたボードゲームにも私は「やみつき」になっていた。

一方、外遊びでも、少し変わったルールを編み出しては、かなり「やみつき」になっていた。一対一でボールを投げ合う「天下」、マンホールの間を行き来する「六虫《ろくむし》」、鬼にタッチされた瞬間からその場を動くことができなくなる（味方にタッチしてもらうと復活する）「氷鬼《こおりおに》」、泥棒チームと警察チームに分かれて行うチーム制の鬼ごっこ「ドロけい」など、思い出すことは多い。きっと読者の皆さんのご記憶にもあるだろう。これらに地方ルールとでも呼べる新しい要素を足したり引いたりして遊ぶのが日課だった。

中学校に入ると、まずはバスケットボールに「やみつき」になった。すばやい展開、コンパクトなコート上の試合運び、そして総合的な意味でのエンターテインメント性の魅力をなんとなく感じていたのではないかと思う。当時は『スラムダンク』というマンガやアニメのブームもあり、バスケ熱が非常に高く、NBAにも関心が集まっていた。

一方で、中学時代はアニメーションへの興味も膨らませていったころだった。

最初に意識してアニメのテロップを見始めたのは『新世紀GPXサイバーフォーミュラ』という作品だった。この作品で私は、声優という職業に憧れを持った。声優辞典なるものを買い、声を聴いただけで声優の名前がわかるようになっただけでなく、声優でなくても、テレビから流れてくるCMのナレーション、ドラマやバラエティー番組に出演する俳優・芸能人の声まで、耳で聴いただけで判別できるようになっていた。いつのまにか、人の声そのものに「やみつき」になっていたのである。

その興味はやがて進路選択にまで影響し、一度は声優業界の門を叩《たた》くところまでいった。それが叶《かな》わなくなったとき、今度はアニメーション作品自体の制作に興味を持ち始めることとなった。ちょうど、『新世紀エヴァンゲリオン』がはやっていた時期である。そして、アニメ制作の現場を1年間だけ経験した。もちろんそのあいだも、ゲームは不動の趣味として、ずっと私の傍らにありつづけた。つまり、アニメとゲームに育まれたのである。

さんざん自身の歴史を書き綴《つづ》ってきてしまったが、私だけの事例とはいえ、皆さんにもどこか心当たりや同じような体験があるのではないかと思う。ゲームやアニメという主語が別の何かに代わるだけ。「やみつき」は、日常生活のさまざまな場面に顔をのぞかせている。

## 生きる力を支える

いまの体験談でおわかりのように、「やみつき」は非凡な人だけのことではなく、ごく普通の生活を送る私たちにも関係のないことではない。誰にだってあることだ。それでは、「やみつき」の良さとは何だろうか？　どこに「やみつき」の意味があるのか？　他人との競争に勝つための力となるから？　作品や建造物や発明品のようにいろいろと具体的な「成果」を生むから？　ただ楽しいから？

今度はある大学生ランナーの言葉に耳を傾けて、それを考えよう。


「別に速い人が偉いとは思わないし、同様に聡明な人が偉いとも思わない。どの世界でも一流の人は努力と才能がマッチして一流になりえているのだと思うが、逆を言えば一流ではなくても一流の人間に匹敵する努力をしている人はいると思う。だから一流でなくても一つのことに打ち込み努力することは素晴らしいことだと思うし、そう考えたから僕は遅いながらも6年半もの間、陸上競技に打ち込んできた」（関口義人「僕の競走部生活」私家版）

そろそろ秋の山が紅葉し始めるころ、箱根駅伝の予選会を締めくくりに彼は競技生活を終えた。期待した走りはできず、残念ながら彼が箱根で勇姿を見せることは叶わなかった。大学で4年、高校からのキャリアを合わせると6年半の競技人生がもうじき終わる。そのとき彼は、

「悔しいが、悔いはない」

と語った。

４年前の雨の日、自分を呼んだ先輩をはじめ部員たちが試合で出払って誰一人いない合宿所の門をくぐり、不安でいっぱいの暮らしを始めてから、彼の大学生活はいつも陸上競技とともにあった。

暑い日も走り、雪の日も走り、コーチに叱られ、後輩を育て、ケガに泣き、仲間と笑った。彼は一流のアスリートだったのかといえば、実はそうでもなかった。失礼を恐れずに言えば、目立たない平凡な選手だったと言えるかもしれない。

だが、成績だけが人を決めるわけではない。彼の日々はたしかに輝いていた。一つのことに打ち込む。時間を忘れる。「こうなりたい」と思う自分の姿がある。憧れに導かれて、彼は若いエネルギーを燃やした。その結果、多くの後輩に慕われ、他の大学にもたくさんの友人を作ることができた。いまは陸上競技以外の分野で活躍しているＯＢの先輩たちにも愛された。

もし、私たちの人生が、何かの成果を挙げるため、目に見える成績を残すためのものであったら、そのような人生に成功する人はごくわずかしかいない。もし仮に、輝かしい成績や名誉を基準に人生が評価されるべきなのだとすれば、大多数の人は失敗に終わったということになる。だが、現実にはそんなおかしな話はない。

しかし、そうだとわかっていても、私たちのほとんどは、常に何らかの悔しさをおのおのが抱えて生きているのではなかろうか。自分がじりじりフライパンで炒《い》られているような悔しさだ。

そこでもし、自分なりにはベストを尽くしたという実感がなかったら、成績を残せなかった悔しさはそれだけにとどまらず、自分自身の過去にも向けられる後悔になる。こうなると、悔やんでも悔やみきれない。

だが、自分としてはこれまでに最善を尽くし、燃えて、必死になってきたのだという記憶があれば、他の人との比較で語られる成績には悔しさが残っても、自分の人生の値打ちにまで悔いが残ることはない。それに、そういう生き方をしてきたことは誰かが見ているかもしれない。もちろん、だからといって具体的な見返りが手に入るわけではないだろう。でも、まわりの誰かの心に暖かく力強い灯をともすことができている。

だから、「悔しいが、悔いはない」と言うことができる。これは「やみつき」の人生を送った人が口にすることのできる栄光の言葉なのだ。

さて、本書は、彼のように何かに夢中になってひたむきに取り組む人、あるいは、そんな生き方のできる人はいいなあと思っている人、自分も何か一歩を踏み出したいと思っている人のための応援のつもりで書いた。

正直に言うと、それを「やみつき」と表現することに最初は少しためらいも感じた。前述のように、「やみつき」とは、そもそも「病み」「付く」と書き、病気で床についたままになるという意味、つまりとても重い病気になることだ。

ところが、最近は楽しい趣味などにハマっていることを「やみつき」という。試しにこの言葉をインターネットで検索してみると、ラーメンやキムチのように、食べ物に関係することが多く出てくる。「やめられない」という意味で使われているようだ。

もちろん、「やみつき」は食べ物にだけ使われる言葉ではない。切手集めでも、ブリキのオモチャのコレクションでも、絵を描くことでも写真を撮ることでも、楽しみながら熱中していること、どうしてこんなに一生懸命になるのだろうと自分でも不思議になること、ほかにやるべきことがあると思ってもなかなかやめられないことは全部「やみつき」だ。ほかに適切な言葉もなかったので、とりあえず本書では、この言葉はもはや病気のことを言うのではない、ということを確認しておこう。

人が何かに「やみつき」になるには、必ずそれなりの理由があるはずだ。それは何だろうか？　また、何かに「やみつき」になっている人は、そういうものを持たない人に比べて楽しそうで、生き生きと暮らしているように見える。それはなぜだろうか？

それを考えるのがこの本の目的である。

どうしてそんなことを考えようと思ったのか？

いま、私たちをめぐる状況は非常に不安定だ。これから先に何が起こるのかわからない。誰の言うことが頼りになるのかもわからない。

こんなときに、たとえば他人より利口に生きることが良いのだろうか？　得をする生き方が良いのか？　他人よりも少しばかり多くのカネを持っていることや、上手な演出をして自分をうまく売り込むのが立派なことなのだろうか？　毎日そのための工夫をすべきなのか？もう、そんな小さな損得勘定はどうでもいいと思わないだろうか？

いまこそ、人が人として持っている力、何かを信じる力、ひたむきになる力、そして、隣人と手をつなぎ、支え合う力を大事にしたい。そうして何か人の底力が光輝くところを見たい。この本ではそのような力を総合的に「やみつき」になる力と呼んだ。

不器用なようでも、その力は「行き詰まった感じ」を突破するのに役立つはずだし、やがて私たちの人生を明るいものに変えるはずだ。

これらの考察を通じて、私たち二人の著者は、人間として生きていることのすばらしさに光を当てたいと思っている。

# 第2章

# 「やみつき度」を考える

コーヒーブレーク（Hは廣中、Eは遠藤。以下同）

H：ようやく、タイトルは「やみつき」に落ち着きましたが……。

E：その良くないイメージを変えたいって熱意の部分が出ていていいですよね。

H：それはわかるけどさ、もっともっとぴったりの言葉はなかったのかっていう話。

E：ずっと悩んでますね。かれこれ3年くらい（笑）。

H：本のタイトルだからね。タイトルってけっこう大事だよ。考えることがタイトルに引きずられちゃうしね。

E：うーん、「熱中」「没頭」「一心不乱」とかが思い浮かぶけど……。

H：何か「まわりが見えていない」という感じがするな。それに本のタイトルにならないよ。「熱中症」って言葉があるからダメ。とにかく病的な言葉は使いたくないわけ。

E：では、「集中」「凝る」「こだわり」みたいな職人気質《かたぎ》な言葉はどうです？

H：「こだわりのすすめ」……なんだかガンコ一徹な感じだし。

E：適当に言ってるわけじゃないですよ。「熱中」「没頭」「一心不乱」は状態を表す言葉ですけど、「集中」「凝る」「こだわり」は物事に取り組む姿勢なんです。姿勢ってすなわち「構え」でもあるから、「病む」「付く」という受動的なイメージから積極的、能動的に自分でコトに当たる「態度」に変化するわけです。
H：わかるけど「集中のすすめ」ではありきたりだしねえ。べつにノウハウを書くわけじゃないから、やっぱり「やみつき」で進めて、どこかで説明しますか……。

## 対象が「やみつき」を生むのか？

さきほど「はやぶさ」だの勾玉《まがたま》だの、凡人にはなかなか縁のないものの例を出した。だから、「やみつき」は何か特別な対象に対して起こるものだと考えられたかもしれない。

また、インターネットで「やみつき」を調べると味覚の話題が多いと言ったように、〃やみつきになる〃コーヒー、カレー、ラーメンなどというものがたくさんある。「やみつき」になるためには何か特別なものと出合わなければいけないのだろうか？

そうではないと思う。

第1章に挙げた著者（遠藤）の事例を読んでいただければおわかりの通り、「何にやみつきになっているか？」に一貫性や理由はなく、対象でイエスとかノーとかが決まることではないようだ。何にだって「やみつき」になろうと思えばなれる。実はこの点は、私も誤解していた。何かに「やみつきになる」というからには、その「何か」にはよほどの秘密があるのだろうと考えていたのだ。たとえば、ゲームであれば臨場感あふれる高性能のゲーム機器、食べ物であればエスニックなスパイスを効かせた一皿など。とにかく普通でない「何か」が必要で、ごく普通の白いご飯と漬物に「やみつき」になることなんかないのだと思っていたのだ。

しかしそれは違うようだ。ゲームは紙と鉛筆だけでも十分楽しめる。ご飯と漬物の「やみつき」も奥が深い。私の知りあいの商品開発コンサルタントは「おいしいシラスを食べるためならどこへでも行く」と言っている。

そうなると、さて、やみつきとは何だろうか？　対象に秘密がないとなると、「人の行動の特徴」ということになる。「やみつき」とはどういう行動なのか？　あまり理屈っぽく考えようとは思わないが、この章では少しだけ「行動の特徴をピックアップする」ことにこだわってみたい。

**繰り返し**

私たちの日常生活に欠かせない要素といえば食事と睡眠だ。どちらも、人が生きていくための第一次の欲求に直結していて、日常生活を維持するために定期的に行われる。ところが……。

「ものを噛んで食べることにやみつきになっている」とか、「寝ることにやみつきになっている」とは、普通は言わない。

言わないが、言ってはいけないわけではない。そして、いつも意識せずに繰り返している行動にこそ、実は「こだわり」が多い。たとえば、枕が変わると眠れないとよく言う。あるいは、ご飯の味にうるさく、これは芯が残っていて硬いとか、これはビチャビチャとか、少しでも理想と違うご飯を出されると、いろいろと文句を言う。誰もが安心して繰り返している日常生活の動作こそ「やみつき」の原点かもしれないのだ。

ここで少し「繰り返し」にこだわってみる。小さな子、おおむね1歳から3歳ぐらいか、この年代の子はとにかく「繰り返し」が好きだ。これは実際に私が電車の中で見た光景だが、1歳ぐらいの男の子がお父さんに抱かれていた。その子はお父さんのポケットからハンカチを引きずり出してケラケラ笑う。お父さんはそれを元通りにポケットにしまう。するとまた引きずり出してケラケラ笑う。何度やってもそれを喜ぶ。飽きるということを知らないのが不思議なくらいだ。

やがて電車から降りるときが来た。ハンカチ引きずり出し遊びは終わりである。お父さんが「これで終わり」のサインを出す。そうするとその子は火がついたように泣き始めたのである。ほほえましい日常の光景だったが、小さなお子さんがいれば、似たような経験をされたことのある方も多いのではないだろうか。

実はこの子にとって「繰り返す」ということは、「こうすれば、こうなる」という仮説を検証して喜んでいることなのである。これを心理学で「循環反応」と言ったりする。仮説の検証を繰り返して、子供は「世界とはこんなものだ」ということを知る。

「やみつき」の元になっている行動の繰り返し、それは私たちが世界のイメージを作り上げていく作業にほかならない。

いつものように、夕暮れの町を散歩し、あの角を曲がり、なじみのコーヒーショップに入り、いつもの窓際のボックス席で新聞を広げ、キリマンジャロを頼む……繰り返しの毎日。「やみつき」の毎日。それは私たちが安心できる、安定した世界の出来事ではないだろうか。私たちは不断に変転する世界の中では生きていくことができないから、世界が安定しているという感覚はとても大切なことなのである。

## 時間

繰り返しと一緒に考えておかなければならない重要なキーワードがもう一つある。それは何か？ 手始めに「やみつき」という状態・現象を、頭の中でいくつものパーツに分解してみよう。試しに、これを読んでいるあなたにも、自分自身の「やみつき」を分解してみてもらいたい。やり方はこうだ。

まず、自分自身が「やみつき」になっていることを一つ、思い出してみる。できれば、あなた自身にとって、最も「やみつき」の度合いが深い・強い物事がいい。趣味の範囲から見つけられなければ、毎日欠かさずにしていることでもいい。ついつい熱中してしまうことと か、何の気なしに継続してしまっていることとか、好き嫌いや良し悪しにかかわらず、素直に思い出してみよう。

つづいて、その「やみつき」になっている物事がどんな要素で構成されているかを考えてみる。簡単に言うなら「何が必要か」だ。

たとえば、野球であればボールとグラブ。この二つがあれば、ひとまず壁当てに「やみつき」になれる。サッカーならサッカーボールさえあれば、どこでもリフティングに「やみつき」になれる。さて、あなたの「やみつき」には何が必要だろうか。

「やみつき」の内容が具体的であればあるほどに、パーツも多くなるはずだ。あなたが「やみつき」になっている物事を自由に想像して、分解して、その要素がおよそすべて出尽くしたところで、肝心な検討に入ろう。たったいまあなたが最も「やみつき」になっている物事のために必要だと考えたもの。それらをいったんすべて忘れてみてほしいのだ。

野球からグラブを消す、ボールを消す、バットも消す……。

さて、何が残っただろう。

せっかく分解したのに「忘れる」ってどういうこと？「何も残らないじゃないか！」と、憤るかたがおられるかもしれない。けれど、あなたがいったん何もかも忘れても、確実に残るものが一つあるはずなのだ。しかもそれは、あなただけでなく、すべてのやみつける人々にとって、共通している絶対必要条件。

それはすなわち「時間」だ。

ここで私は、「なーんだ」「そんなコト当たり前じゃないか」とあなたに思ってもらいたくて、やや誘導的に文章を展開したことを率直に認めさせていただく。申し訳ない。だが、たとえばいまのあなたが野球にやみつきになっていて、数年後にはそうではなくサッカーにやみつきになっていたとしても、変わらない要素として残るものは何か？　それは「ある程度の時間を費やしている」ということだろう。

どんな物事であれ、「やみつき」になるためには「時間」が必要だ。そして、「時間」があって初めて人は、物事を「繰り返し」行うことができるのだ。

ここでちょっと「内輪ネタ」にはなるが、心理学で行動を観察するときに、回数（繰り返し）を見るか、時間を見るかという問題がある。これは、けっこう難しい。どちらが適しているとも言えない。とりわけ「熱中」や「やみつき」の度合いを知りたいときには悩ましい。たとえば「ゲームは1日1回」というとたいしたこともないようだが、「その1回が6時間」となるとエライことだ。「ケータイは1回30秒」ならたいしたことはなさそうだが、「それが1時間に20回」となったらすさまじい。とりあえずここでは回数と時間を両方挙げておいたが、どちらが大事なのかと言われたら、どちらかに決めることができるものではない。「単位時間あたりの回数」とか、「1回あたりの時間」といった捉え方をすることもあるが、心理学では普通「1回が短いものは回数」「1回が長いものは時間」を観察する。

## 気づき

私たちが思う「やみつき」とはおそらく、一日に何回繰り返していたかを逐一自分でカウントできるような、そんななまやさしいものではない。むしろ逆に、「気づいたら時間があっというまに過ぎていた」という感触のほうが、よっぽど「やみつき」らしい。

実は、この「やみつき」になっていた自分に「気づく」という部分、これが、どれほどまでに自分が「やみつき」道一直線であるかを知る最初のポイントになるのではないかと思う。人は自分自身のことを他人の視線で眺めることができる。そこには冷静さがある。

もし人がずっと眠り続けていたら、ずっと食べ続けていて平気だったとしたら、そうではないときの自分、言い換えれば、眠っていないときの自分や、食べていないときの自分は存在しないということになる。そうなるといかに従事時間が長く、また、繰り返しの頻度が高いと言っても「やみつき」とは言えないのだ。

つまり、人はときどきその対象や行動から離れて、冷静に自分自身を眺め、自分で自分に向かって「今日もまたコレにやみつきになってるね……」と思うことができる。そもそもそれができるなら、その冷静になっているあいだの自分は「やみつき」状態ではない。簡単なことだが、「やみつき」になっていない状態で、「やみつき」になっていたときを思い返し、考え直すからこそ、「やみつき」になっている自分に気づく。その過程・瞬間があるからこそ、「やみつき」が実感できる。

「気づき」はコントロールに通じる。「ちょっと行きすぎたようだから減らそう」と思うのも「気づき」、逆に「こんなことではまだ足りないから、もっと頑張ろう」と思うことも「気づき」だ。

そして、「気づく」自分がしっかり確立しているかどうかは、「やみつき」と病的な「依存症」を分ける決め手でもある。自分を「引きの画面で」見ることのできるもう一人の自分がいるから、「やみつき」を活かそうという意欲も生まれてくる。

「自分にとって、満足できるための基準は少なくともだれかに勝ったときではない。自分が定めたものを達成したときに出てくるものです」とイチローは言う（児玉光雄、２００４『イチロー思考』東邦出版）。

## 「やみつき」度を表してみる

私たちは日常生活を取り巻くいろいろな行動に「やみつき」になるものだ。

回数や時間で「やみつき」度合いを考えてみようという話をしたが、それだけで「やみつき」の性質が言い尽くせるものでもない。

そこでこの節では、さまざまな「やみつき」を整理するための一つの提案をしてみたい。これは、「自分たちがどんなことをやっているのかな」、と眺めてみるためのものだ。たったそれだけの整理方法ではあるが、人を良い意味で「やみつき」にしたいと思っている企業の商品開発や宣伝担当の方々にとっては、ある商品が実際にどのあたりに位置づけられているかを知って、今後どういう方向に動かしていこうかというコンセプトを得るため、わりと役に立つ整理の仕方かもしれない。

### 一般性

「やみつき」を整理する一つの切り口は、「誰でもやることとか、そうでないか」という軸である。

食事や睡眠は個人の生命や健康にとって大切な行動だ。こうした活動に私たちはある意味で「やみつき」にならざるを得ない。これらのことについては、よほどの規制や障壁がない限り、老若男女すべての人が誰でもやっている。ひと言で言ってしまうなら、「一般的」ということだ。つまり、人は「ふつう」食事をするし、寝るのが「一般的」だ。難しく考えることはなく、日々の生活という意味でシンプルな話である。

では、仕事はどうだろうか？　仕事は、個人の視点では社会生活を営むうえで経済的に必要な活動であり、時として生き甲斐《がい》でもある。社会の視点では、地域や社会に貢献する生産活動として大事な行動だ。社会性の求められる環境に身を置いている以上、人は「一般的」にシゴトをして暮らすのが当たり前である。書き方を換えるなら、「シゴトをしなければならない」という価値観が、日本では残念ながら（？）「常識」だ。

時間や頻度という点ではこれらの行動も立派な「やみつき」である。しかし、そもそも好きだから「熱中」し、気に入っているから「こだわり」、離れられないくらい「没頭」してしまうことに「やみつき」のゆえんがあると考えると、義務感の上に「やみつき」は現れないはずだ。

ところが、趣味で鉄道模型作りに熱中しているとなると、これは「誰もがやっていること」とは言えないから、一般性は低くなる。

そこで「一般性」の軸を使っていろいろな行動を整理してみる。これが高いか低いかが「やみつき」を見極める一つの鍵だと思う。すなわち、「一般的」に多くの人が行っている「事柄」は、自分と誰かを比較する際に、違いがわかりにくい。顔を洗ったり、歯をみがいたり、トイレに行ったり、風呂に入ったりすることは「一般的」なことで、これらの「事柄」を実行する圧倒的多数の人たちの間で違いを見つけることは難しい。一方、周囲を見渡しても自分しか実行していないような稀《まれ》な「事柄」は一般性が低い。「え? なんでそんなことしてるの?」と思われる「事柄」であればあるほど、それに少しでも「時間」を費やしているだけで、他者からは「やみつき」だと思われやすいはずである。

**多様性**

もう一つの軸は何だろうか?

たとえば、寝る時間にたいした「こだわり」がなくても、寝方に「執着」している人は大勢いる。毎日歯みがきはするが、歯みがき剤や歯ブラシ、デンタルリンスなどのオーラルケア用品をフル活用するかどうかは、人それぞれの「こだわり」である。

そう考えると、人とは「ふつう」に生きることが、実はとてつもなく難しい生き物なのではないかと思えてくる。逆に考えると、「ふつう」の人を目指したり、こころざしたりする必要などまったくない。どんなに頑張って「ふつう」になろうと思っても、どこかで他人と違った個性が出てくるというものだろう。

同じ「事柄」に向き合う人も実に多様である。第三者からは同じことをしているように見えても、まったく違ったプロセスを踏んで、異なる結果を求めて、「事柄」に臨んでいるケースがある。戦略性の高いシミュレーションゲーム『信長の野望』などでは、最終的に天下を統一してゲームをクリアーできたとしても、どの国から占領していったかはプレイヤーによってずいぶん異なる。このように、一つの物事がさまざまな姿に見えること、一見同じに思える振る舞いが、個人によってまったく違った意味や価値を持つことを、「多様性」と捉えることができる。寿司がアメリカに進出していったとき、アボカドとキュウリとカニの足などを巻いた「カリフォルニア・ロール」や、クリームチーズを巻いた「フィラデルフィア・ロール」が生み出されたりした。私たちが思いもよらなかった多様性がアメリカの地で与えられたわけである。これもまた「やみつき」を考えるときの大事な軸だろう。

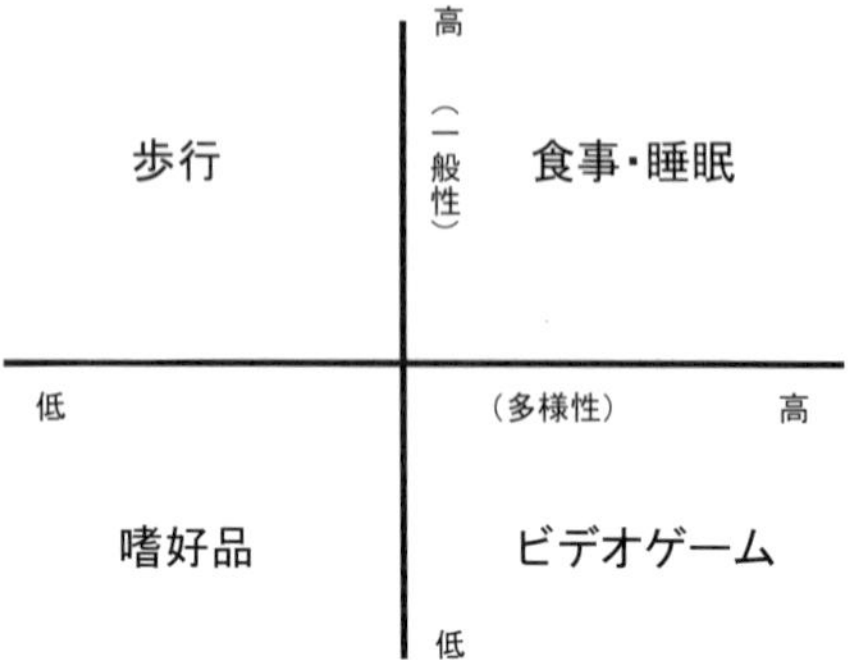


図1　「やみつき」のマトリックス

ところが、毎朝電車に乗り、決まった駅で乗り換え、決まった駅で降りてバスに乗り、バスから降りて守衛さんに挨拶して……という通勤の行動などは、とくに変わったことをしようと思わない限り多様ではない。こうした生活をもう何十年も続けている人も多いわけだ。

そこで「多様性」という軸を使ってもいろいろな行動が整理できる。

「一般性」の高低と「多様性」の高低。これを縦軸（y）と横軸（x）にして、図を描いてみるとこんなふうになる（図1）。そうすると、一般性が高く多様性も高い「事柄」から一般性が低く多様性も低い「事柄」まで、大きく分けて四つの枠組みができる。

【一般性：高・多様性：高】の代表は、やはり睡眠・食事になるだろうか。寝る、食べるといった結果に違いはないが、どんな場所でどんなふうに寝るか、何をどんな場所でどのように料理して食べるかといったところに、多様な選択肢がある。そこに「こだわり」が生まれる可能性も高い。寝具への「こだわり」、寝室の照明やアロマへの「こだわり」、食べるものへの「こだわり」、ワインへの「こだわり」など、さまざまな「こだわり」にやみつきになっている人がたくさんいる。

【一般性：高・多様性：低】には、「歩く」ということを挙げてみたい。歩行とは普通、どこかへ向かっていくために脚を交互に出して進むことである。たとえば競歩であるとかジグザグ歩行、もちろん背中を向けて後ろ向きに歩くといった方法もあり、それは自由だが、いずれにしても脚を出して体を進行方向へ動かす行為である点は変わらない。

【一般性：低・多様性：高】の代表として、これ以降の例をわかりやすくするために、あえて（ビデオ）ゲームを挙げておく。昨今のゲーム人口は、ゲーム機に限らず、ケータイ電話やスマートフォンなどの普及によって爆発的に増え続けている。「ＰＳＰ」（プレイステーション・ポータブル）や「ニンテンドーＤＳ・３ＤＳ」の普及によって、携帯ゲーム機による「いつでもどこでも」なゲームスタイルも、すっかり定着した感がある。ゲームで遊ぶとひと口に言っても、そのスタイルは多様である。とはいえ、ゲームはすべての人が「一般的」に行っている「事柄」ではない。

【一般性：低・多様性：低】には、相対的な意味で嗜好《しこう》品をエントリーすることにした。相対的というのは、食事、睡眠、歩行などと比べて、実行している人が多いか少ないか、という話である。たとえばお酒を飲むことは、種類や飲む場所、時間、誰と飲むか、ということまで考えると、多様性は高いが、結局はアルコールを摂取する行為であり、食事と比べると「酒を飲む」という行為に着目したときの多様性はそんなに高くないように見える。

こうするといろいろな行動が整理できる。

もちろんこういう整理は、どこが良くてどこがつまらないとか、そういうことではない。四つのマス目のどれにもそれなりに「やみつき」が入る。

けれども、一つ覚えておいていただきたいことがある。

それは「やみつき」と「依存症」の区別だ。

この区別はまさに本書のメインテーマの一つなので、まずここで考えておこう。

実はこの図の左下。つまり一般性が低く、多様性が低い行動。これが極端になると「依存症」になる。一般性が低いとは？　日本人の多くは酒を飲むのではないか？　そうとは言えない。飲酒人口はだんだん減ってきた。喫煙となるともっと減り、喫煙擁護派がどんなに努力しても自然消滅していく日は近いのだ。つまり一般性が低い行動は何か問題が見つかって規制すべきだという話になってくる可能性がある。

また、そこに多様性の低さが加わる。それはもう、あまりにも強い欲求が行動を支配しているせいである。タバコを求める人にガムを差し出しても、満足してはもらえない。のどから手が出るほど欲しいものはただ一つ。タバコ以外にはない。こういう状態を「強迫的欲求」という。こうなった段階で欲求を満たしても楽しくない。

そこで「やみつき」に大事なのは多様性の担保ということになる。

つまりこの図で右側に向かう方向性を確保しておくことである。そうすると、いろいろなものの中から自分が何かを主体的に選びとる形になる。一般性は高くても低くてもいい。たとえば趣味で料理を作るとしても、その道具をゼッタイに合羽橋《かっぱ》で買いたいんだということになると、一般性は低い。それが「こだわり」だ。

そこで「やみつき」に向かうベクトルとしては、この図の中で左上から右下に向かう矢印のようなものがあり、この方向に進めば進むほど、「やみつき」度合いが増してくるような気がするのだ。

コーヒーブレーク

H：これ、何か先行研究はあるの？
E：ぶっちゃけてしまうと……ないです。
H：なんだ、思いつきか。
E：いいじゃないですか、思いつきでも。これまで「やみつき」とか「こだわり」というと書いている人の趣味に過ぎなかったでしょ。クラシック音楽ならクラシック音楽。
H：ゲームならゲーム。
E：そうです。いままでは自分が「いい」と思う事柄を人に勧めてきたんです。ところがこの座標には人間のさまざまな行動が載ってくる可能性がある。食事や睡眠から身体運動や嗜好品まで。
H：「だから何なんだ？」ってツッコミが聞こえてきそうだぞ。いまイチつかめないなあ。こういうマトリックスで示すには、軸が直交してるかどうか、つまり「多様」なら「一般的」みたいな相互関係がないかどうかが問題になるし……（※）。
E：これはあくまでわかりやすくするためのものですよ。実際は斜交しているかもしれません。それに、個人で角度が違ったりするかもしれない。とはいえ、フォローはしてるつもりです。左上から右下に向かう矢印があるでしょ？　だから、たとえば「歩く」ってことにうんと多様性を持たせて……。

H：コスプレして歩く、と。
E：マジメに考えてください。あ、いやそれは個人的にはかなり興味深いんですがね（笑）。まぁそういった発想で一般性を低くして、自分にしかできない「歩きスタイル」を作れば、単に歩くことも「やみつき」になるってことですよ！ そうすると歩くことが楽しみにも生き甲斐にもなる。
H：やっぱりコスプレ路線みたいに思えるけど、まあいいや、面白い発想だから。異論歓迎、実証は「今後の課題」ってことで。
（※）「直交」とは四つの空間をきっちり分けることができるという意味です。「お互いに無関係」と言ってもいいでしょう。ですが、たとえばより一般的なもののほうが多様なやり方を思いつく人も多いというように、両方が同時に動いてしまうとすると「直交」ではなく「斜交」ということになります。斜交しているのならそもそも四つに分けて考えるのが無理ということになるのです。

# 第3章　快を求めて

## コーヒーブレーク

テニスのラリー　©島方真紀

E：こないだ夜中にテレビでテニスを見たんですがね。
H：何で？　有名な試合だったの？
E：いや、ポチポチッとチャンネルを替えていたら、ちょうど激しいラリーの真っ最中だったので、見入ってしまったんです。そもそも選手が誰なのかさえわからず、最後の最後まで選手の名前はよくわからないままでした。
H：そんなのをよく見るねえ。
E：あの入り込み様は、いまにして思えば立派な「やみつき」でした。
H：どうしてたまたま見た試合なんかに「やみつき」になれるの？　僕は無理だな。
E：激しいラリーの真っ最中を目撃して興奮したんですね、たぶん。せっかくなので解説しちゃいます（笑）。テニスボールが、まるで吸い込まれるようにラケットめがけて飛んでいく。それを打ち返した球は決まるかどうかの瀬戸際で、反対のコートの際を深くえぐる。これに辛うじて追いつきボールをリターン。でも、相手にロブを返すだけではチャンスボールになってしまうからか、ギリギリでボールに追いつきつつも、手首にスナップでも加えていたのか、予想外のバウンドを見せる返球。今度は反対に、相手選手の動きのリズムを狂わせにかかる。と同時にロブは、この選手が体勢を立て直す時間稼ぎでもある。一転、一気に間合いを詰めにかかる。ネット際の攻防。両選手共に身をよじりながら、一進一退。……うーん、まぁとにかくすごかったんですよ！

H：はは。君はよくそんなにいろんなことに夢中になれるね。説明もいつも通り長い（汗）。

E：いやもう、選手でもないのに緊張してくるんです。テレビの中で動く選手たちに寄り添ってるみたいな、アグレッシブな感情がありました。なんだか自分がプレーしているかのような錯覚。選手の声、観客のため息、空気感、臨場感。その興奮と手触りはまさに「快感」でしたね。ボクはたぶんその「快感」のせいで夜中に一人でテレビを見続けたんだと思いますよ。

## 「気持ちいい」は人間だけ？

「楽しい」から「やみつき」になる。

「楽しさ」「気持ちよさ」「快感」、似た言葉はいろいろあるが、楽しいということは大事だ。

ヒレンジャク

ここで「楽しさ」や「気持ちよさ」についてしっかり考えておきたいと思う。

思えば、心理学でも生物学でも、「楽しさ」や「気持ちよさ」についてはこれまであまり詳しく考えてこなかった。やはり人間はまじめに生活すべきで、生きていくのに最低限必要なモノを必要な分だけ消費する質素な生活がよい。「楽しさ」や「快感」はどうでもよい余剰な価値で、しかもそれを「求めて生きる」などということは、厳粛な社会人の考えることではない、というような道徳観念がどこかにあったのではないだろうか。

ところが、このところの動物行動学では、人間以外の動物が「遊んでいる」とか、何かを「好んでいる」「楽しんでいる」という可能性がまじめに考えられている。これまでの常識では動物、とくに野生の動物は「その日暮らし」。危険の多い環境で、自分や仲間を守り、食べ物を手に入れ、繁殖をし、それだけで手いっぱいだと思われてきたのだが、どうやらそうでもないらしい。人間以外の動物も楽しんで生きているのだとすると、人間が生きている意味として「楽しさ」のウエイトがぐんと増してくるような気がする。

### ピラカンサスとヒレンジャク

動物学者のジョナサン・バルコムは『動物たちの喜びの王国』（土屋晶子訳、２００７、インターシフト）という面白い本を書いた。

この本の中でバルコムは、ヒレンジャクという鳥がピラカンサスの実が発酵したものを「好む」話を書いている。ヒレンジャクはこの発酵した実を好んで食べ、そして、死んでしまう。「こうした実のなる茂みの下には、死んだ鳥が山のようにおり重なっていることがある」とバルコムは言う。死亡した鳥を解剖してみると、アルコール性の肝障害だったという話である。また、マダガスカルのキツネザルや南アメリカのオマキザルは、大型のヤスデの体を噛んでから自分の皮膚になすりつけるという。ヤスデの皮膚からは防虫効果のある化学物質が分泌されるらしいので、この行動は虫除けに役立っているのだが、サルたちは「よだれをおびただしく流し、その目はとろんとして」

フサオマキザル

「トリップ状態」に陥っているように見えるという。

これらの例は「楽しむ」というよりも、どちらかというと「依存症」に近いが、動物たちは四六時中サバイバルのことばかりで手いっぱいなのではないようだ。ちゃんと「快感」や「楽しみ」を手に入れる行動もしているらしい。

## 「快」の研究

実験用のネズミ（ラット）を使って、快と不快の表情を研究しているのが、ミシガン大学（心理学）のケント・ベリッジである。ベリッジは口の中にいろいろな味の液体を入れたときの舌の動きに注目した。ネズミの口に苦い液体（キニーネ）を入れると、ネズミは舌を突きだし、顎《あご》を床にこすりつけて、この液体を口の外へ吐きだそうとするような行動をとる。甘い液体（ショ糖溶液）を入れると、ネズミの舌は口の外側から内側に向かって輪を描くように動き、この液体を口の中に取り込むような動きをする（図2左）。

この「拒絶」と「受け入れ」の動作は、ヒトの赤ちゃんの口に苦い液体や甘い液体を垂らしたときの舌の動きと基本的に同じである（図2右）。舌の動きにヒトとネズミで共通の特徴があるからには、その背景にある脳のメカニズムも似ているとベリッジは考えている

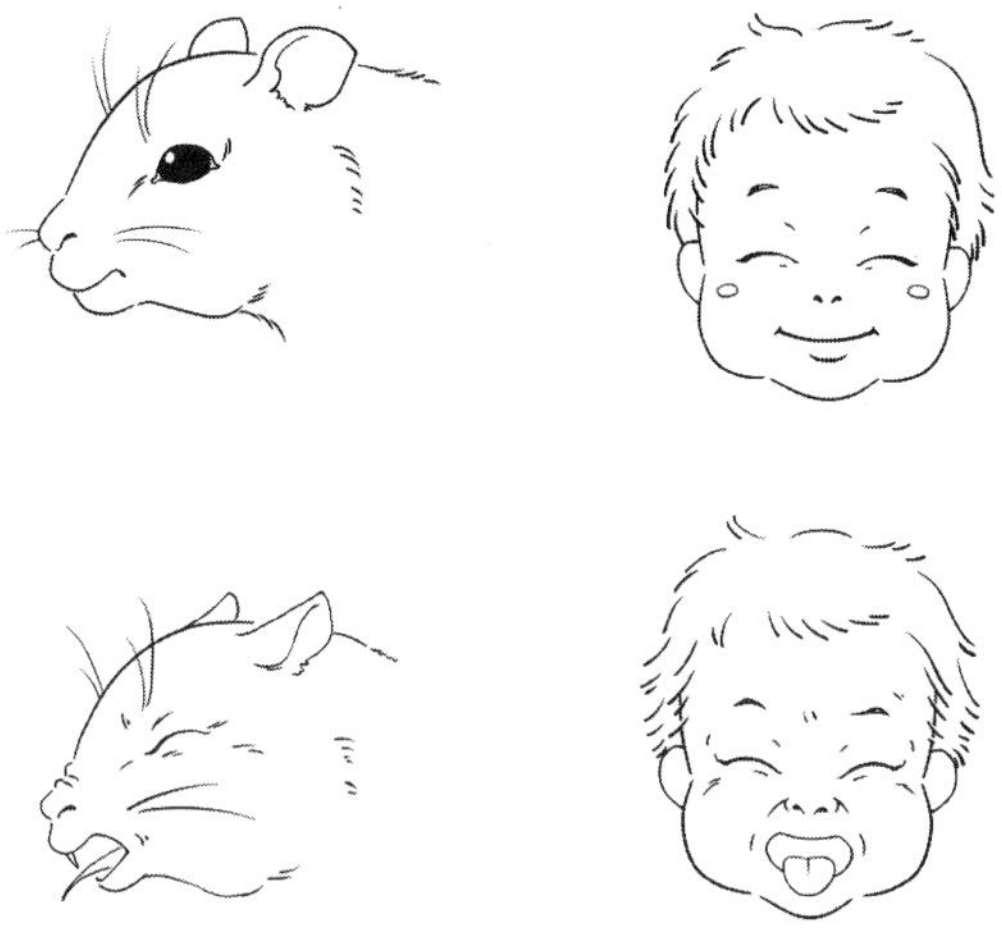


図2　ラットとヒトの味覚反応　Ⓒ島方真紀

(Kelly & Berridge, 2002)。

舌の動き以外に動物の「快感」を示す行動は何かないのだろうか？

ワシントン州立大学のジャーク・パンクセップは、ネズミが発する超音波に注目している。実験用のネズミでも野生のネズミでも、人間に聞こえるキーキーいう鳴き声以外に、それよりも周波数が高く、人間には聞こえない超音波を出している。

これまでのいろいろな研究で、周波数が22キロヘルツの鳴き声は、不安や恐怖の鳴き声、たとえば、赤ちゃんネズミを母親から離したときなどの声だということがわかっている。パンクセップは、それよりも高い50キロヘルツぐらいの鳴き声が「気持ちのいいとき」「楽しく遊んでいるとき」の鳴き声だと言う（Knutson et al, 2002）。

人間以外の動物も何らかの形で「気持ちよさ」を感じている。私たちが「楽しみ」を求める心にも遠い起源がありそうである。しかし、ひと口に「気持ちよさ」と言っても、私たちはいろいろな「快」や「楽しみ」を知っている。どんなものがあるのか？　それを考えてみよう。

## 感覚の快

見たり聞いたりすること自体が楽しく、心地よいことがある。おいしいものを食べたとき、花の香りを嗅《か》いだとき、美しい音楽を聴いたとき、ステキな笑顔を見たとき、暖かく肌触りのよい布団や枕で眠るとき……まず私たちの「五感」が「快」を形づくっていると言えそうだ。

いわゆる「五感」に加えて、体がまっすぐか傾いているかといった平衡感覚や、電車や自動車が動き始めたり止まったりしたときに感じる加速度の感覚、内臓の感覚など、私たちはさまざまな感覚を味わいながら生きている。

感覚は私たちの認識を成立させる素材だ。たとえば、いまあなたは本を読んでいる。つまり目から視覚刺激が入って脳で処理され、記憶と照合されて、これは「さ」という字だとか、「れ」という字だという認識が生まれる。また、いまあなたには何か音が聞こえているかもしれず、それによって外を自動車が通っていったとか、電子レンジで温めているものができあがったとかいうことがわかる。

しかし、感覚は単に認識を成立させる材料ではない。それは感情を呼び起こす。そのことによって私たちの身の回りの世界は豊かになり、私たちは〝うまく〟生きていくことができる。動物の進化のことを考えてみると、これは不思議でも何でもない。たとえば動物は、生きていくためには危険を避けなければならない。そうすると危険を知らせる信号には認識が成立するよりも早く反応し、とにかく身を守るために逃げる必要がある。ヘビが恐い人にとって、地面で何かがにょろっと動いたら、とりあえずすっ飛んで逃げるのがベストである。逃げた後で「ああ、恐かった」という感情が起こる。「あれはひょっとしたらヘビではなく、ゴムホースだったかもしれない」という冷静な分析はその後にやればよい。

出典：武田双雲『一日一魂』（清流出版、2010）

### 感覚と情動が直結している場合

最も単純な場合、ある種の感覚刺激は無条件で特定の感情を引き起こす。

恐怖を起こすような危険信号にそういう例が多い。たとえば、ネズミにネコの匂いを嗅がせると、ネズミはすくむ。人間にも無条件で嫌いな音はある。黒板をひっかく音を聞くとぞっとする人は多いと思う。無条件で「心地よい」反応を引き起こす音もあるに違いなく、いま研究が進んでいるところである。不思議なことに、人間の耳には聞こえない高周波をたくさん含んだ楽器の音は恍惚《こうこつ》感や陶酔感を引き起こすという（Oohashi et al, 2002）。耳には聞こえていないのだから、この「音」は耳以外のところで感じているに違いないのだが、それがどこなのか？　全身だという説もあるが、まだ確認されていない。いずれにしてもとても興味深い。

嗅覚《きゅうかく》も無条件で感情を引き起こす。匂いというのは不思議な感覚で、ベテランの調香師の話によると、好きでも嫌いでもないまったく中性の匂いは存在しないのだそうである。だが、麝香《じゃこう》の匂いを薄めると香水に入っている芳香になるように、快と不快の境目があいまいなのも匂いである。あるときには悪臭に感じられるものも別なときには心地よく感じられる。

触覚も無条件で快不快の反応を引き起こす。ビロードの手触りは心地よいが、目の粗い砂が濡れたような手触りは不快だという。

視覚はどうだろうか？　「快感を起こす写真」「不快感を起こす写真」「どちらでもない写真」というのが国際的に統一されたライブラリになっていて、研究者には無償で提供されている。「快感を起こす写真」はかわいい赤ちゃんの笑顔や、幸せそうな家族、美しい花といったものだ。美しい絵に反応する場所が脳の中にあることもわかっている。私たちにとって「字」が単に「情報を伝える記号」ではなく、豊かな感情や感動を引き起こす「刺激」であることは、書道というものの存在を考えたらわかる。

**経験が情動を変える場合**

このように感覚の刺激が「快」を直接引き起こす場合もあるが、経験によって「心地よいもの」が変わっていく場合もたくさんある。逆に、いままで好きだったものが嫌いになることもある。

ネズミ（実験用のラット）は本能的に甘いものを好む。甘いものはエネルギーになる場合が多いからだ。ところが、甘い液体をなめた後で「塩化リチウム」という薬を注射する。この薬は電解質のバランスを崩して体調不良を引き起こす。1回でもこういう経験をすると、ラットは甘い液体を好まなくなる。

この実験に似たケースを人間で考えてみると、「食あたり」のことだろう。これまで好きだった食べ物、たとえばカキとかエビとか、何でもいいが、不幸にしてそういったモノを食べた後に気分が悪くなったとすると、その食べ物が嫌いになってしまう。

何かが好きになる場合にもこうした経験が一役買っている。ラットは甘い液体が好きと言ったが、これをなめさせる前にアーモンドの香りを嗅がせる。ラットにとってアーモンドが良い香りなのかどうかわからないが、甘い液体とペアにすると確実にアーモンドの香りが好きになる（Harris et al, 2000）。

人間も同じことで、食べ物の好みは小さいときからどんなものを食べてきたか、その経験が楽しかったかどうかによって変わる。

この例は、「ある感覚」と「別の体験」の結びつきを経験したことによって、その感覚が快や不快の感情を呼び起こすようになった例だが、私たちの経験というのは不思議なもので、こういう結びつきがなくても、いつのまにか好感度がアップしていることがある。「見れば見るほど好きになる」というが、これは本当のことで、実験でも確かめられている。人の顔でも何でも、ともかく接する頻度が高く、そして最初の印象が悪くなければ、その後はどんどん好きになる。こういうのを「単純接触効果」という（Zajonc, 1968）。

「ここ二ケ月、オレゴン州立大学には不思議な学生がいた。大きな黒い袋をアタマからすっぽり被《かぶ》っているのである。はだしの足だけが見える。彼は（オトコの子であることはわかった）毎週月曜、水曜、金曜の十一時に教室に来て、後ろのほうの小さなテーブルに座っていた。教授だけはその子が誰だか知っていたが、他の20人の学生は知らなかった。ところで、この黒い袋の子に対する他の学生の態度は、最初は敵意。それから好奇心。しまいには友情に変わったのだ」

「単純接触効果」を発見したロバート・ザイアンス（Zajonc）の論文はこんなエピソードで始まる。

これで思い出すのが連続ドラマだ。始まった当初はミスキャストだとか考証がなってないとか、さんざんな悪評が聞こえるものだが、そのうちにそれらはおさまって、なかなか良いドラマだと言われるようになる。こういうわけで、タレントやコマーシャルは露出度が勝負と言われるのだ。

心理学の大発見というのはつくづく不思議なものだと思う。そう言われてみたら、そんなことは私たちが昔から当たり前に知っていたことである。だが、それをデータとしてしっかり見せたところが偉大なのだ。

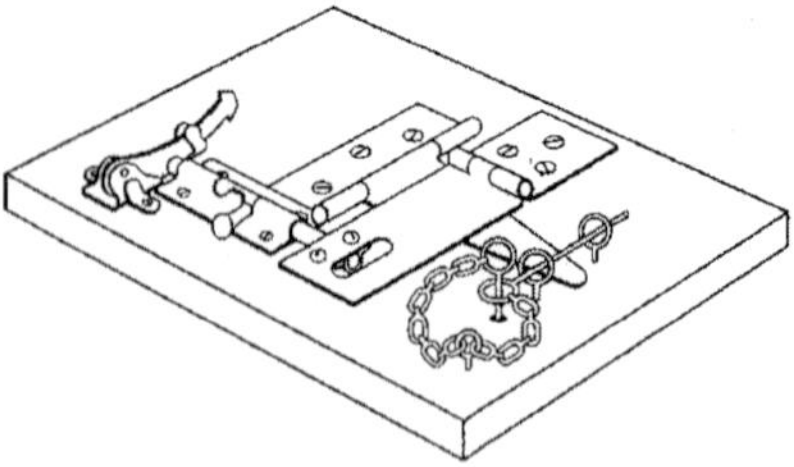

図3　サルのゲーム

## 運動の快

### 体を動かすことの快

体を動かすことには心地よさがある。気持ちいい汗、スポーツの達成感、さまざまな要素が「運動の快」につながっている。

ところで、体を動かすと何で楽しいのだろう?

サルに図3（今田寛、宮田洋、賀集寛共編、2003、『心理学の基礎』培風館）のような「パズル」を与えると、指を一生懸命動かしてこの「パズル」をやる。うまくできてもほうびがもらえるわけではないので、そのこと自体が面白くてやっているとしか見えない。心理学ではこういうケースを「操作の動機」と言う。体を動かして環境に働きかけ、どんな効果があったかを試すのが「面白い」のである。

「それはサルの話だろう」と思ってはいけない。

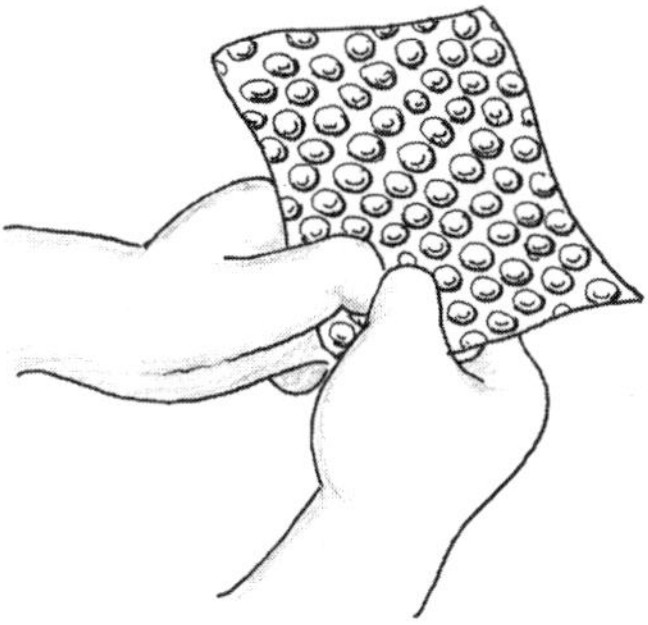

図4　プチプチ

これは何か（図4）？

私たちはこれを楽しんだではないか。なんで楽しかったのだろう？

自分で手を動かすと、それに応じて音が出て、この小さな突起がツブレる。たったそれだけのことだが、これがオモチャとして市販されたように、この感触はわざわざカネを出して買っても遊びたいと思うほど楽しいのだ。

それは動作と結果の一体感が楽しいからである。

ではなぜ動作と結果の一体感が楽しいのだろうか？

そもそも動作というものは、環境に変化を生じさせて、そこから情報を得るために起こす。「足で稼げ」とよく言われるように、自分からアクションを起こさないと自分のまわりは変化せず、「とくに新しい情報はない」という状態が続く。これは退屈で耐えられない。

アクションを起こすと状況が変わる。言い換えれば、状況を変えるためにアクションを起こす。たとえばダンスパーティー。あなたはこれまで「壁の花」だったとする。その状況では、「とくに新しい情報はない」。ここで踊りに誘われる。「自分なんかとてもダメだ」と最初はおっかなびっくりだ。しかし、勇気を出して踊ってみる。すると、これまでさんざん見物人として観察していたからか、案外うまく踊れる。こうなると、「できたぞ！」という気持ちが生まれる。この気持ちのことをバンデュラという心理学者は「自己効力感」と呼んだ。自己効力感が高いといろいろな自信が生まれる。体を動かすと「自信」という快が得られるのだ。

### うまくできたから

スポーツでも楽器の演奏でも、何か体を動かすときには、「こうやったら、こうなるだろう」という予測がある。それから実際に筋肉を動かしたときの感覚があり、その結果がうまくいったか、そうでなかったかという結果の知識がある。うまくいかなかったら予測を立て直し、さっきとは違うやり方で体を動かしてみる。体を動かすときには、こういう予測と実測と評価のサイクルがぐるぐるまわっている。

慣れないうちはいちいち考えて体を動かすが、ある程度慣れてくると、細かく考えなくても一連の動作ができるようになる。これは大脳皮質で考えたことのコピーが小脳（図5）の中に作られるからだといわれている。

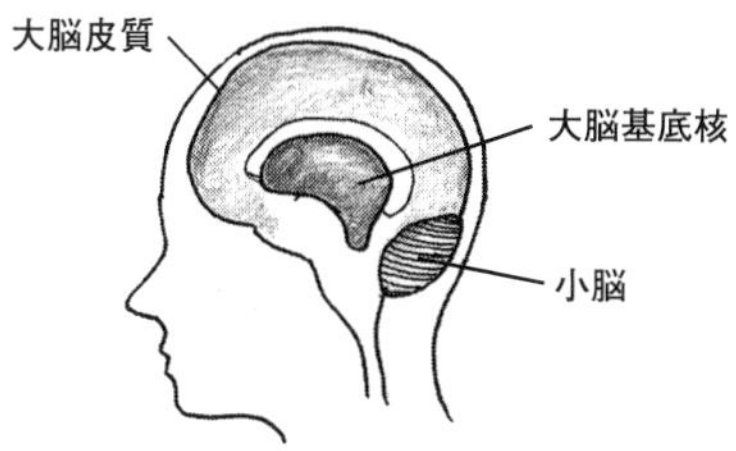

図5　大脳・大脳基底核・小脳

小脳の中には「実際にこうやった」という信号と、「それはうまくいかなかった」という信号が重なって入力される神経細胞がある。この二つが重なったときには、うまくいかなかった運動の信号は弱くなる。一方、「こうやった」という信号と「うまくいった」という信号が重なったとき、うまくいった運動の信号は強くなる。これを繰り返して運動は上達していく。このとき小脳では「運動のあるべき姿」と「このように体を動かすと、こうなる」という予測との折り合いをつける「内部モデル」が作られている。

運動の上達には「大脳基底核」というところも大事である（図5）。大脳基底核は運動の実行中に働いて、なるべく効率の良い体の動かし方を計算し、「こうやったらもっとうまくいくはずだ」という信号を大脳皮質に送る。

大脳皮質にはいろいろな感覚が入力される。そこで、たとえば体がどの程度傾いたときに景色がどう見えたとか、このようにジャンプすると筋肉にはこのような力がかかり、体はどこらへんまで飛び上がるはずだといったような情報が大脳皮質で統合される。その結果として「こうやったらうまくいくはずだ」という信念のようなものが作られる。

こうした情報のやりとりがうまくいって、たとえば弓を射るときの筋肉の緊張具合と、矢が的に当たったときの感覚刺激がマッチすると、「やった」という快感が生じるのかもしれない。

こういうことはスポーツの奥深さとも関係している。イチローだって空振りをする。失敗の原因はふとした偶然かもしれないが、自分のスキルも完ぺきではない。改善の余地を見つけて、もっと良い「内部モデル」を作ろうとするところに楽しみがあるのではないだろうか。人はまるで機械のような完ぺきさを求めて日々修練を続ける。その一方で、その修練の中から、絶対的に完ぺきなどあり得ないという事実を丹念に勉強しているようでもある。もっと生身の言葉で表現するなら、不完全であることを確かめているとさえいえる。絶対に完ぺきなどあり得ないのに、その完ぺきを求めざるを得ないという人のあり方は、まさしく「やみつき」の姿そのものだ。

## ランナーズ・ハイなど

ところで、運動で「やみつき」というと、「ランナーズ・ハイ」のことが思い浮かぶ。マラソンなどの長距離ランナーが長いあいだ走っていると、疲労感が消えて爽快感が起こるといわれている現象である。このときには「脳内麻薬」と呼ばれる化学物質が分泌されているという説もある。

「麻薬」というとおだやかではないが、正体はアミノ酸がいくつかつながったものである。アミノ酸がつながったものを「ペプチド」と呼ぶ。脳の神経細胞の中にはこういうペプチドを受け取る「受容体」という特殊なタンパク質を持ったものがある。そして、この受容体にはたまたま、アヘンの成分であるモルヒネが結合する。ここからが想像で、モルヒネには痛みを消し、陶然とした幸福感を起こす作用があるから、脳の中に存在しているある種のペプチドにもモルヒネに似た効果があるのではないかと考えられたわけである。脳が自前で合成している麻薬という意味でそれを「脳内麻薬」という。正確には「内因性オピオイドペプチド」という名前である。

本当にランナーズ・ハイの背景にこうした化学物質が働いているかどうかは長いあいだ確かめられていなかった。単なる仮説だったのである。2008年になって、11人のアスリートたちに実際におよそ20キロ走ってもらって、「脳内麻薬」の働きを調べた研究が報告された（Boecker et al, 2008）。それによると、やっぱりランナーたちは実際に「爽快感」を味わい、そのときに過量の「脳内麻薬」が分泌されたという。ここでこの話が事実として確認された。

だから、「ランナーズ・ハイ」は本当に起こる出来事である。その快感で激しい運動にやみつきになることもありそうだが、本来、「脳内麻薬」が分泌されるのは強い痛みやストレスから体を守らなければならないときである。「ランナーズ・ハイ」も実は体の緊急反応なのだ。長距離ランナーが「ランナーズ・ハイ」を味わいたくて走っているのかどうかはわからない。しかし、安全なことばかりやっていては面白くない。人間は「少し危険なこと」にも楽しみを見いだすようになったのだろう。

# 認識の快

## 学びが楽しいとはどういうことか?

図6　8月午前0時の星座

人間には何かを知りたい、学びたいという「認知欲求」というものがある。

たしかに私たちは、本や新聞、テレビやラジオ、このごろではインターネットなどを使って情報を欲しがる。知ることに何らかの喜びを感じている。

知ること、学ぶことがどうして楽しいのかとなると、誰もそれには答えられない。認知欲求をめぐる研究を見ても、楽しさと結びつけたものは見当たらない。

どうして知ることが楽しいのか？　いま私

図7　「きれいな形」

が考えているのは、わからないことがわかるようになったら、物事が単純になるのではないかということである。たとえば、星座のことを考えてみよう。人間はなぜ夜空の星々を「星座」という「まとまり」にしたのだろうか（図6）？　この図には実は数百個の星が描かれている。しかし、星座にするとその10分の1ほどになる。つまり、まとまりにしたことで数が減っている。星座が「わかる」人はアタマの負担が軽くなるわけである。

人間はいろいろなところに「まとまり」を見つけて「きれいな形」を作りたがる（図7）。

お互いに位置の近いもの、同じ色や形のもの、「閉じた」形のものなどが「きれいな形」に見える。真ん中の図は「波線に棒」、下の図は「丸と四角」に見えるはずだ。右側に囲んだような二つのカタチに分割することもできるのだが、そのように見る人は少ないだろう。「きれいな形」になると、私たちが処理しなければならない情報が減る。つまり私たちのアタマは、雑多な情報がたくさん入ってくるのをイヤがり、まとまり

K > Ca > Na > Mg > Al > Zn > Fe > Ni > Sn > Pb > H > Cu > Hg > Ag > Pt > Au

図8　金属のイオン化傾向

をつけて負担を軽くしたがるのではないかという話である。すっと情報が減らせたときに「快感」が起こるのではないだろうか？

ここまでは星座のような「カタチのまとまり」の話だったが、それは「カタチ」以外にも拡張できるのではないかと思う。一つの例をあげよう。

図8は金属のイオン化傾向というものである。これは金属元素が電子を失って陽イオンになりやすいかどうかを示す尺度で、なりやすいものほど酸素や塩素がしっかりくっついて離れにくい。これは高校生に必須の知識で、高校の化学の時間に、イオン化傾向の大きいものから順番に、たとえば「貸そうかな、まあ、あてにするな、ひどすぎる借金」などと覚えさせられた記憶がある方もいるのではないだろうか。もちろん、このように「語呂合わせ」をして、そこから連想されるイメージを持つだけで、16個もの金属元素の名前は少数のまとまりになるわけだが、ここで言いたいのはそういうことではない。

これは私が高校の先生から教えてもらったことだが、この図を右から見ると、人類が金属を利用してきた歴史になる。イオンになりにくいものは天然に単体で存在している。だから金などは川底をすくって泥や水を洗い流すだけで砂金として取れる。銅を取り出すときには加熱が必要だ。鉄はもっと熱くしなければ取り出せなかった。だから歴史では青銅器の時代の次に鉄器の時代が来る。アルミニウムにいたっては20世紀になってからようやく取り出すことができた。

語呂合わせには科学的な意味はないが、人類史となると意味がある。そうなると私たちは自分の持っている知識を参照材料として使えるので、覚えるのはますますラクになり、世界史と化学が「まとまる」という快感が得られる。

いろいろなことを勉強するのは、謎に満ちた世界が簡単になるからではないだろうか。「受験に必要のない科目は勉強しない」ということでは、みすみすその楽しさを捨てているようなものだと思う。

## やわらかいアタマ

「まとまり」は徐々に見えてくるというよりも、突然ひらめくことのほうが多い。運動技能のようなものだと、わけもわからず練習しているうちにだんだん上達することもあり得るが、ひらめきはそうはいかない。何しろ正解がひらめかないうちは、「部分的に正解に達した」というようなことはないから、まだ何も喜びは感じられないのだ。

そのかわり「ひらめいた」ときの喜びは大きい。そして「ひらめき」は、いったんひらめいて正解に達すると、もう「できない」状態に後戻りはしない。

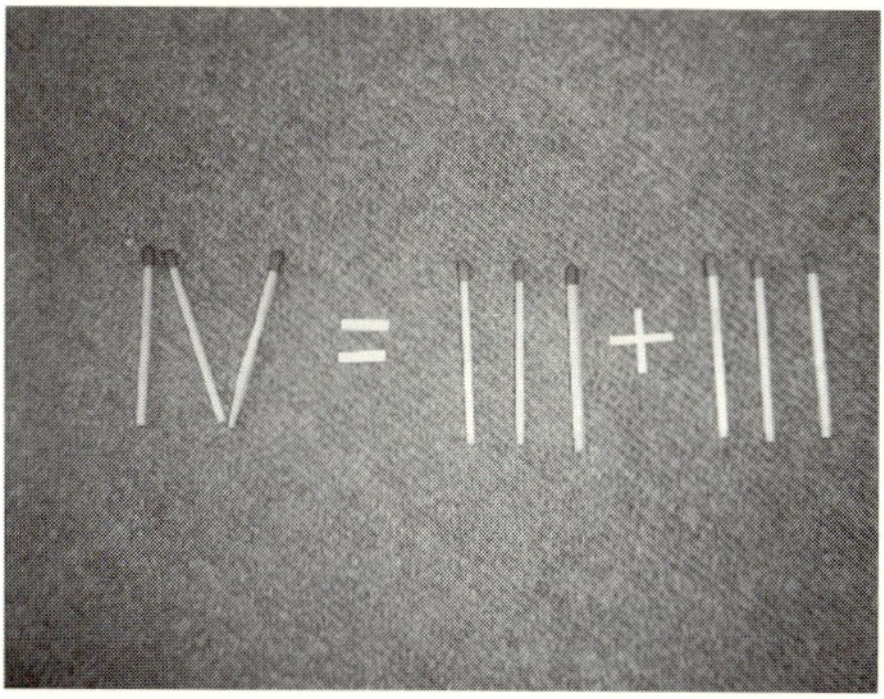

図9　マッチ棒の算数

最近、少しずつ「ひらめき」に関係する脳の仕組みが調べられている。ひとつ面白い可能性として、論理的・常識的な判断をする脳（前頭葉の背外側部という）が働きすぎていると「ひらめき」は出にくいという研究がある。つまり脳が〝壊れた〟人のほうが「ひらめき」やすい場合があるというのである。

これを実際に確かめた実験が「マッチ棒の算数」という問題を使ったものである。マッチ棒で図9のようなローマ数字の数式が作られている。

この式は正しくない。4＝3＋3になっているからだ。このマッチ棒を動かして、正しい数式にするのが課題だ。1本のマッチ棒しか動かしてはいけない。マッチ棒を捨ててもいけない。ちょっと考えていただきたい。

わかりましたか？

この問題の正解はこうである。

VI＝III＋III

こういう問題は、前頭葉の背外側に損傷のある患者のほうが「健康な人」よりも得意だという（Reverberi et al, 2005）。

星座を見ていると不思議に思うことだが、「きれいな形」はときにとんでもない形である。なぜゆがんだ十字架の形に並べた星を「白鳥が羽を広げたところだ」と思うのか？　なぜゆがんだ四角の中に三つ並んだ星があると「オリオンがこん棒を振りかざしているところだ」と思うのか？　常識にとらわれていたらこんな発想は出ないだろう。ちょっと脳が〝壊れた〟ところにユニークさの秘密があると考えるのも、なかなか面白いことではないだろうか。

# 人とつながる快

## わかりあえたときの喜び

突然ですが、マタンゴとバルタン星人の共通点は何か、わかる方はいますか？　マニアには説明はいらないと思いますが、マタンゴは絶海の孤島に棲息するキノコのオバケ。１９６３年の東宝映画に登場しました。バルタン星人はご存知「ウルトラマン」に出てくる宇宙からの侵略者。セミのアタマにザリガニの鋏というシュールで美しい姿をした「宇宙忍者」です。

わかる人がおられると、私（廣中）と話がはずむと思います。

他人と「わかりあう」という意味の「わかる」も「快」を生み出す。どんなときにどんな人とわかりあえるかはさまざまだが、まず、同じ趣味を持っている人には好意的になれる。たとえば私が、ある人に好意を抱いているとしよう。その人はどうやらネコが好きらしい。ところが私は無類のイヌ好きだ。もう少しつっこんだ話を聞いてみると、どうやらその人は

ベリ（QSL）カード：アマチュア無線の交信記録

イヌが大嫌いらしい。そこでどうするか？
選ぶ道は二つある。第一は、この人のことを嫌いになる道。私にとってイヌは絶対的な存在。イヌが好きになれないような人はこちらから願い下げだ。

第二は、私もイヌを嫌いになる道。「まぁネコもそんなに嫌いじゃないよな。うん、ネコのほうが小柄でかわいいじゃないか。きっとそうに違いない！」というわけである。

イヌが好きな自分と、イヌが嫌いな相手が好きな自分とは矛盾する。こういう矛盾を「認知的不協和」という。人は何とかしてこの認知的不協和を解消するような努力をするのだが、自分と同じ趣味、同じ好みを持っている人との間では、こういう不協和が生じにくいからラクである。

思いがけないところに同好の士がいると楽しい。これが「ツイッター」や「フェイスブック」「ミクシィ」のようなソーシャルネットワーキングサービスが栄える理由かもしれない。こういう楽しさはなにもネット社会になってから起こったことではない。アマチュア無線の時代から、人は同好の士を求めて「誰か聞いていませんか？」という「ＣＱ」信号を発し、交信の記録になる「ベリカード」を集めて喜んでいた。

ところが、「同好の士」はすんなり仲良くなれるかというと、そうでもない。

たとえば、私が特撮映画の好きな人と知り合ったとする。しばらくは喜んで語り合っても、そのうちに相手は怪獣だけが好きで、宇宙モノとか怪人モノは好きではないとわかったとする。そうすると私たちの関係は一時的に冷える。だが、決裂はしないだろう。こんなことで決裂するようでは情けない。そうなると私たちはお互いに同じところと違うところを知りつつ、相手を認め、役割を分担するようになる。

人と人とが「わかりあえる」ときには、こういうプロセスがまわっているのである（図10：下斗米、２０００）。

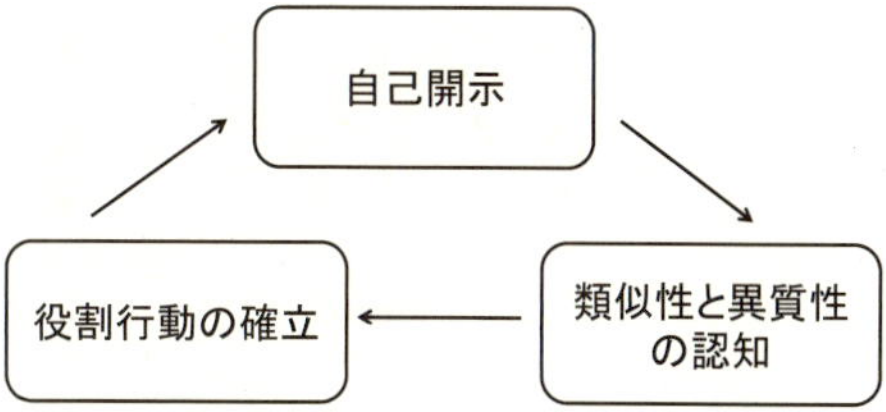

図10　対人親密化の三位相

## 同じ集団にいることの喜び

ここまでは、人との一対一の関係の話だった。もう少し範囲を拡大してみると、お互いに「わかる」、「わかりあえる」ことは同じ集団に属しているということでもあり、それがまた喜びにつながる。

たとえば、自分の野球チームから全日本に選抜されるような選手が出たら、たとえ自分は選ばれなくても、それだけで嬉しくなる。もしかしたら、自分も一緒に参加した日々の鍛錬や試合の経験がその選手を全国区に引き上げたのかもしれない。ちょっと特別な存在が同じチームにいるだけで、自分もすごいような気分になってくる。

あるいは、自分の会社のチームが都市対抗野球に出たということでも嬉しい。

自分の所属する集団のことを「内集団」という。自分が所属していない集団が「外集団」である。

私たちは、内集団を「ひいき」する。これは数人の集団でも起こるし、町、都市、国といった単位でも起こる。「日本人は冷静で常に思いやりを忘れない」と言われたら嬉しい。これはなぜかというと、内集団に対する評価は自分自身に対する評価でもあるからである。私たちは自分を高く評価してもらいたいので、自分の属する内集団も高く評価してもらいたいと思う。

「どう考えてもこの集団にいたら自分は高く評価してもらえない」というときにどうするか？　そのときは自分から見て「これはいい」と思う集団に移動するのである。

内集団びいきでちょっと問題なのは、外集団に対する評価を低くしたら相対的に内集団に対する評価が高くなると思う危険性があることだ。本来この二つの評価は別々のもので、連動しているわけではない。しかし人は、仲間に対しては寛大でも、敵に対しては非情になる。

人は生まれながらにして何かの集団に属している。たとえば、著者の我々であれば日本の構成員である。さらに男という集団にも属していて、社会人という集団にも入っていると思う。こうして、内集団は幾重にもわたって私個人にくっついてまわる。日本という内集団に属していると、海外で起こした日本人の偉業に喜べる反面、日本人が起こした犯罪には相当がっかりする。日本という内集団でものすごく嬉しい経験ができるのは、オールジャパンが世界の強豪を相手に勝利を収めたときだろうか。まるで自分のことのように狂喜する。

このように、人は所属する集団を変えるだけでも「快」や喜びを得ることができる。だからといって、あまりに打算ミエミエの移籍なんかできないのも人というものだが。

コーヒーブレーク

E：「生き物」「こころ」そして「社会」という三相でひととおり「快」について説明してみましたが……。

H：最後はちょっと駆け足だったんじゃない？　オレは集団に流されないで個人としてしっかりやってこうよ、って言いたかったんだけど。

E：いや、それは違うんです。先生は一匹狼に憧れてるのかもしれないけど、一匹狼はそれでまた一つの集団なんです。「アウトロー」っていう仮想的な集団の。

H：だから社会心理学って嫌いなんだよね、意地悪くって。

E：あはは。それはほめ言葉だと受け取っておきます（笑）。でも真実ですよね？　何でも動物と脳の話にするのもどうかと思いますよ。

H：何でもというわけじゃないですよ。とりあえず「快」についてしっかり考えたものはこれまでにあまりないから、いろいろな仮説っていうことで認めてもらうとして……。

E：「快楽」は先生の本でしょ。「イイ気持ちはどこから生じるか」って。

H：あれはね、本屋さんで恥ずかしくてレジに持っていけないっていう読者評があって、悩んだのよ。あの本の半分以上の内容は快楽とは関係ないのに。

Ｅ：あ。ところで、マタンゴとバルタン星人の共通点ってなんです？
Ｈ：ひ・み・つ。
Ｅ：若い人はマタンゴなんて知るよしもないですよ。
Ｈ：日本映画が想像力で勝負してたころの名作。見たらわかる。

# 第4章

# やみつきになるメカニズム

## 快からやみつきへ――達成感

前の章では私たちがどういう仕組みで「快」を感じるかを考えてみた。その仕組みは言い尽くせるものではないし、確実なことはまだ何もないと言うべき状況なのだが、とりあえずこれから「快」について考えるときのヒントになりそうなことを述べた。

ところで、この世に楽しいことばかりだったら、楽しみを求めるために何かに「やみつき」になることはないはずである。雪景色の中の白菊は目立たない。白が引きたつためには背景は黒いほうがいい。「やみつき」に見えるほど何かの行動を繰り返すためには、楽しいこととつまらないことの両方があって、「楽しい」「つまらない」「楽しい」「つまらない」という気分のアップダウンが必要だと思うのである。この章ではそういうアップダウンに関係のありそうな心について考えてみたい。

### 目標を成し遂げる快感

まず、意欲というか、「やる気」について考えてみたい。

「これから何かしたい」「あの人のようになりたい」という気持ちは、いまはまだそうはなっていないということだから、気分的には不満の状態（ダウン）である。そして、「あそこまでいったら」満足を得られる（アップ）と期待する。

図11　きれいな形が欲しい：何か足りません

何か目標を設定して、そのために頑張りたいと思う気持ちのことを、心理学では「達成動機」という。どうして達成動機が生まれるかというと、だいたい二つぐらいの理由が思い浮かぶ。第一は、前の章で述べたように、「きれいな形を作りたい」という欲求である。たとえば、私がマンガを描いているとして（図11）、この図にはまだ何か足りないものがある。そう、お箸が1本しかない。これではただの棒だ。もう一本描かなければ……。ところがその「もう1本」は腕のように長大なものであってはいけないし、指のように短いものでもいけない。正確にいまある1本と同じ長さで、しかも色まで同じでなくては箸に見えない。つまりこの図の状態ではまだ「きれいな形」になっていない。そこでこれを「きれいな形」にしたいという強い欲求が起こる。「きれいな形を作りたい」欲求が達成動機の一つのルーツと言っていいだろう。

人間は、まだ「きれいな形」になっていない未完成のことは実によく覚えている。これを発見者の名にちなんで「ツァイガルニック効果」という。

20世紀の初頭、ロシアにブルーマ・ツァイガルニックという心理学者がいた。この人はソビエト時代の心理学の立ち上げに大きく貢献した人である。彼女の実験報告は1927年に専門誌に発表されたもので、レストランのウエーターは客がまだ勘定を払っていない注文のことをよく覚えているという内容だった。ちょっと笑える話だ。だが、とても大事な話ではある。

ツァイガルニックの実験を指導したのはクルト・レヴィンというドイツ人の心理学者で、「人はきれいな形を好む」という主張をかかげた心理学者たちの一人であった。つまり未完了の課題は「良い形」になっていない。支払いの終わっていない客を帰すわけにはいかない。だから忘れるわけにはいかないのである。

ところで、なぜ未完了の課題のことをよく覚えているのだろう？　その説明はそんなに簡単ではない。脳の活動を見てみると、「これから何かをやらなくてはならない」と思っているときには、前頭葉の中で「ワーキングメモリ」に関連する領域の活動が高まっているという（Burgess et al, 2001）。「ワーキングメモリ」というのは、文字通りの意味では「働いている記憶」といったようなもので、「現在の意識を構成する記憶」というような言い方もする。それでは「働いていない記憶」があるのだろうかという話だが、人の記憶が膨大な蔵書の並んだ図書館のようなものだとすると、いま閲覧中でテーブルに広げてある数々の書物がワーキングメモリにあたる。「これをやらなくては」と思っていると、常に「ワーキングメモリ」が活性化されている可能性がある。だから「やりかけ」のことは気になる。だが、ちゃんと証明されているのは数分という時間の実験室の出来事で、何ヶ月もかかってプラモデルを作るようなことでもワーキングメモリに関係があるかどうかはわからない。

もう一つの可能性としては、何かの課題が完了して、「良い形」ができてしまったら、そのことを記憶から消す「キャンセル」のメカニズムがあるということも考えられる。もともとワーキングメモリには能動的なキャンセルのメカニズムがあるらしいが、こちらの正体もわかっていない。

ともあれ、達成していないと思うからこそ「やみつき」になる。課題が残り続けることが、

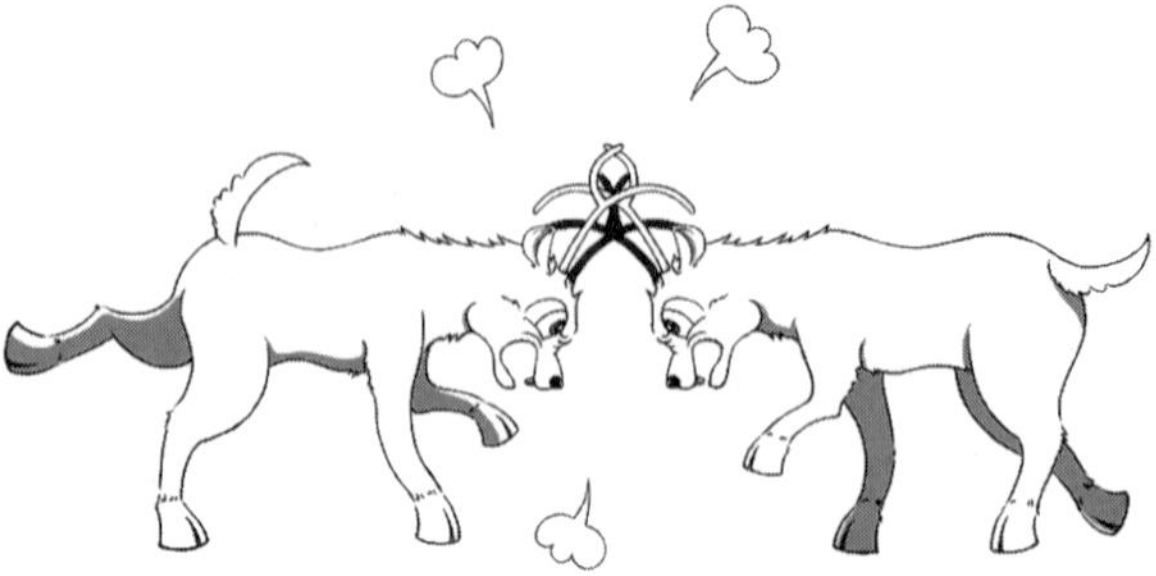

雌をめぐる雄の闘い　©島方真紀

「やみつき」には不可欠な条件なのである。

さらに達成動機を感じる別の理由には、他人との「競争」がある。競争社会が好きだという人はあまり多くないかもしれないが、競争がないとレベルが上がらない。

そもそも人はなぜ競争するのだろう？　一つの思いつきだが、資源が少ないと闘いが起こる。多くの動物はなわばりを持っていて、なわばりを守る。資源が少ないから、一頭の個体やそれぞれの群れの守備範囲が決まっていたほうがムダな闘いが起こらないのである。ケンカを避けるためにケンカをするということだ。もっとも、チンパンジーなどにはときどき「侵略」とも言うべき闘争が見られるから、なわばりを広げようという動機も動物にはあるらしい。

雌をめぐって雄が闘うのも、雄の数に比べて「いま繁殖可能な雌の数」が少ないからである。雄はもともと攻撃的だということではない。「いま繁殖可能な雄の数」が雌の数よりも少なかったら、雌が雄をめぐって闘う。

こういう闘いは、例外もあるが、たいていの場合は儀式化されていて、勝敗が決したところで終わる。やりすぎて相手をボコボコにする、ということはない。

人間も厳しい環境で暮らしてきたことには違いないだろう。なわばりや異性をめぐる闘い（試合）が「他人よりもすぐれた存在であろう」という動機のルーツにあってもおかしくはない。

ただし、だいぶ古い研究ではあるが、子供を育てるときには競争心を育てるよりも独立心を育てると高い達成動機の持ち主になるという話がある。いろいろなことを自分でさせて、「自分でできた」という体験をさせることが高いモチベーションをはぐくむためにはいいらしい。まあ、それは当たり前だろう。誰かライバルを想定して、「あの人に勝ちなさい」と言っても、相手のレベルが低ければこちらも低いところにとどまったままである。それなのに変な優越感を持つのはまことに奇妙なことだ。大学の「偏差値」なんてそういうものだ。

## 達成動機の構造

ところでこの「達成動機」というのは単純なものではなく、成功を求める心と失敗を避けたい心の足し算で成り立っているという説がある。アトキンソンという心理学者は不思議な算数をやって、面白い予測をした（青柳、１９９７）。

まず、成功を求める心は、（１）成功したいという気持ち、（２）成功の可能性、（３）成功の喜びの三つをかけ算したものだと考える。たとえば、成功したいという気持ちが強くても、成功の可能性が非常に低い場合は成功を求める傾向はあまり大きくならない。また、気持ちは強くなくても、可能性が高く、成功したあかつきの喜びが大きければ、成功を求める傾向は大きくなる。

失敗を避ける傾向も同様に、（1'）その気持ち、（2'）可能性、（3'）落胆の積だとする。

成功の喜びは、可能性の小さいことに成功した場合ほど大きい。だから全体を「１」と考えると、喜びの大きさとは「１から成功の可能性を引いたもの」である。また、失敗の落胆も同様に「１から失敗の可能性を引いたもの」だ。つまり、失敗するおそれの少ないことに失敗したときの落胆は大きい。

次に、成功と失敗は裏腹で、失敗の可能性とは「１から成功の可能性を引いたもの」だと考える。このような仮定を置くと、喜びとか落胆とか言ってきたことはすべて「成功の可能性」を変形した式で表現できる。

　そうやって中学校程度の式の変形をやってみると、つまるところ達成動機とは「成功を求める傾向と失敗を回避する傾向の差」と「成功の確率と失敗の確率」の積になる。ここで「失敗の確率」とは1から成功の確率を引いたものなので、この積は要するに成功の確率の二次関数である。確率が0から1までの値を取ると、0・5を頂点とする放物線になる。

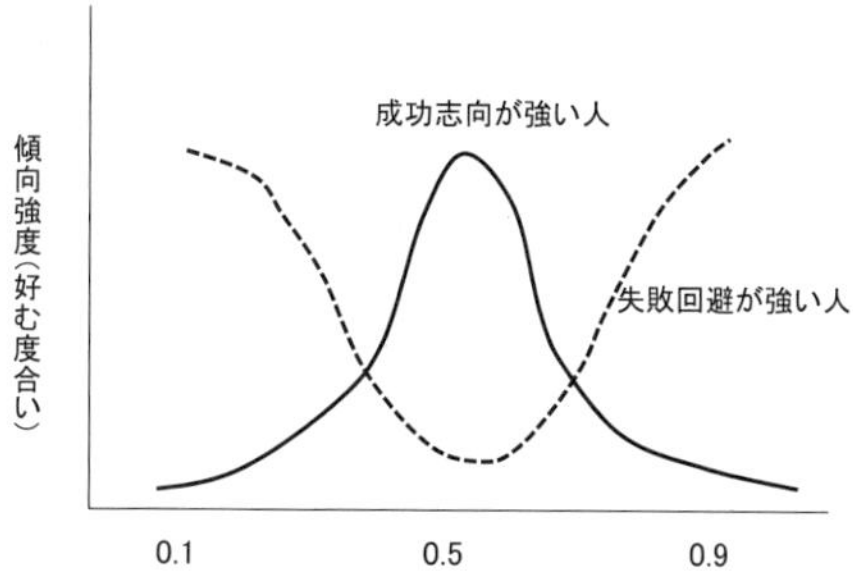


図12　アトキンソンの予測

　するとどうなるか？

　成功を求める傾向が失敗を避ける傾向よりも強い人は、この差が正の値になるので、主観的な成功確率が0・5、つまり、どっちに転ぶかわからないときに「やり遂げたい」という気持ちが最も強くなる。つまり一か八かの勝負にはまる。逆に、失敗を避ける傾向のほうが強い人は、この差が負の値になるので、主観的な成功確率は0に近いか1に近いか、つまり難しい課題か易《やさ》しい課題のとき、言い換えたら、誰も成功しそうにないことか、誰でも成功しそうなことを選ぶ（図12）。つまり成否どちらにせよ、結果が手に取るようにわかるという意味で安全なことにはまる。

なるほどという感じもする。あなたや私はどんなことを「やり遂げたい」と思うか？「成功を求める」人を仮に「積極派」、「失敗を避けたがる」人を仮に「慎重派」と呼ぶならば、積極派は一か八かの勝負を好み、慎重派は安全な路線を好む。

ただ、実験で確かめてみると、この予想は当たるときもあり、当たらないときもある。男女差があるとか、年齢によって違うとか、いろいろ言われている。あなたは積極派か慎重派か？　その「どちらが良い」とは心理学では言わない。どっちであってもいい。ただ、あなたがどちらかによって、あなたが一生懸命になることが違ってくる可能性がある。

## 安心感

**決まったことの繰り返しは安心**

もうちょっと別の方向からも考えよう。

達成だけが「やみつき」の原動力ではない。「安らぎ」も大事だ。自分なりの時間と空間を確保して、そこでいつも同じこと、読書でも模型作りでも何でもいいから、同じ行動を繰り返すと、人は安心する。その安心感が行動を維持する力になる。

これがとても大事だということは、逆の場合を考えたらわかる。すなわち、自分の時間がない。空間もない。「ここならこれができる」といった決まったことがない。これはかなりなストレスではないだろうか。

ここでちょっと、誰でも知っている言葉ではあるが、「ストレス」について考えてみよう。

ストレスとは「ひずみ」という意味の、もともとは物理学の言葉で、不自然な力が持続的にかかることである。それが、人間の心身のあり方を望ましくない形にひしゃげさせる力という意味でも使われるようになった。ハンス・セリエという生理学者が、病気に対する体の反応を説明するために1930年代に考えた。たとえば、感染症には感染症固有の症状があるが、もうひとつ、体が自分を守ろうとする反応から出てくる症状もある。これがストレス反応で、どんな病気の場合にも必ず起こる。ストレス反応によって体が何とか持ちこたえる場合もあるが、破綻して疲弊する場合もある。

細菌感染とか、騒音、振動、暑さや寒さといった物理的なことだけでなく、心理的な原因

ヒトのストレスの実験

でもストレス反応が起こる。これは日常生活で考えると、「イヤな上司がいる」とか「意地の悪い同僚がいる」といった意味になるのだろうが、もうちょっと考えてみると心理的なストレスの正体がわかる。「イヤな上司」とはどんな人か？　その人はあなたに何をするのか？

さまざまな実験から、心理的なストレスの正体は、「予測ができないこと」と「対処ができないこと」であることがわかっている。抜き打ち検査は常にイヤなものだ。それは予測ができないからである。意地悪な上司のやることは予測できない。昨日はほめたことを今日は叱る。イヤな上司でも命令にはさからえない。それは対処できないからイヤなのである。転勤の命令はたとえ栄転であってもわずらわしい。これも対処できないからだ。従うほかはない。こういう性質を持っている出来事は、たとえ「おめでとうございます」と言われるようなことであってもストレスになる。進学、結婚、就職、転居、昇進などなど、これらがきっかけで調子を崩す人は多い。

実験でこれを調べるには、うるさい雑音を聞かせながら簡単な「数独」のような計算問題をやってもらう。「正解したら雑音は止まります」と言ってあるが、実はそうではなく、勝手に止まったり止まらなかったりする。そうすると、回答者は簡単な問題でも自分の計算法に自信を失う。ついにはキーボードを押して答える気力がなくなる。

もう少し詳しい研究によると、これまでは予測できたことが予測できなくなった。あるいは、これまでは対処できたことがもはや自分には対処できなくなった、という「喪失」もストレスになる。身体機能が衰えて、普段つまずかないような場所に足をひっかけたりすると、たったそれだけのことでも一日が楽しくなくなるくらいがっかりしてイライラする。また、対処できてもそのコストが非常に大きい場合はストレスになる。東京の大手町から渋谷に行けば済んだ用事が、取引先の移転によって山口県まで行かなければならなくなったとすると、かなり面倒に思うだろう。

こういうストレスに立ち向かうときには「問題解決型」と「情動焦点型」の二通りの方法がある。

問題解決型とは文字通り問題に正面から取り組んで突破することだ。気持ちがどんなに慰められても問題が残っている限り、いつまでもそれは「未完の課題」として気になる。したがって、いずれはがっぷり四つに組んでの解決が必要である。だが、そのためにはこちらも覚悟が必要だし、それなりの準備もしなくてはならない。

いっぽう、情動焦点型というのは、ストレス反応として起こってくるイヤな気持ちや否定的なものの考え方などを何とか平常に戻す工夫のことである。気分がふさいでいると問題解決を思いつくまでに至らない。自分の気持ちに折り合いをつけることも大事だ。

そのときには、ストレスの発生源とは逆のこと、つまり、「予測できる」「対処できる」何か別のことにたっぷり従事すればいいわけである。

それには、決まりきった時間と空間で、「いつもの」行動に身を任せるのがいい。「いつもの」行動とはゲームかもしれず、ヨガかもしれず、水泳かもしれない。私たちはついつい、自分がそうしたことをするのは、ダイエットにいいとか、心身の調整にいいとかいった効果・効能のせいだと思いたがるが、実は、それはあまり大事なことではない。効果・効能は後づけの説明で、大事なのは、「今日もまた、これができた」という達成感の自覚である。

毎晩遅くになると、睡眠時間を削ってでも本やマンガを読んだり、ゲームをしなければ寝られなかったり、というお子さんや夫や妻があなたのとなりにいるかもしれない。そんなときは「何でそんなことをするんだろう？　はやく寝たほうがいいのに」と思うのではなく、

「一日の終わりをいつものように締めくくることができて、また明日からも頑張って仕事や学校に行ってくれるんだね、私には何が面白いのかわからないけれど、あなたにとっては大事なことなんだね」と考えたほうが、あなた自身にとっても、よっぽどストレスにならないで済むはずだ。

普段の生活では「やすらぐ」ことのできない自分、ストレスを覚えて心が焦げている自分がいることを感じている。だから、「やすらぎ」を与えてくれるものに「やみつき」になるのだろう。

## 「こだわり」で自分を取り戻す

日常生活のさまざまな場面で私たちの「自分」は傷つく。心理学ふうに「自我」と言ってもいい。自我は「取扱注意」という札を貼りたいほどデリケートなものだ。

たとえば通勤電車が突然動かなくなったとする。事故か、故障か、天災か、怪獣か、はたまた宇宙人襲来か。それはわからない。しばらくすると「ただいま停止信号で止まっております」というアナウンスがある。それはわかっている。誰も青信号なのに止まっていると思ってはいない。知りたいのはなぜ赤信号になったかということだ。「お急ぎのところご迷惑をおかけします」とも言われる。お詫《わ》びしてもらっても遅刻の解決にはならない。自分のまわりには早速ケータイを取り出して遅刻の連絡をしている人がいる。だんだんイライラがつのってくる。

こういうとき、これは「対処不可能」なことなので、ストレスになる。そして、この状態が長く続くと、その日のプランは崩れ、多少大げさに言うと、「今日はどんな人間であろうとしたか」というその期待像が壊れる。つまりそれは「私」という自我が傷ついたのだ。

待ち合わせでなかなか来ない人を待っているときもそうだ。5分ぐらいなら何とかなる。10分来ないとなるとやや落ち着かなくなる。約束の時刻はこれでよかったか、たしかにこの場所でよかったか、いろいろ確認してみる。ケータイをかけてみると、「いま出られない」という自動的なアナウンスが返ってくる。それでは電車でこちらに向かっているところなのか。それでちょっと安心するが、完全な安心ではない。電車が来て改札口に人が吐き出されるたびに、今度は乗っているか、今度出てくるかとイライラしながら待つ。このときにも、自分ではどうしようもない時間と空間がそこにある。退屈だからといって、待ち合わせ場所から勝手に動くわけにもいかない。そういうとき、大げさかもしれないが、自分が徐々に崩壊していくような気持ちの悪さを感じる。遅れる側は気ままに行動しているだけかもしれないが、待つほうは自我が傷つくような事態に陥っているのかもしれない。心当たりがあるかたは、待ち合わせの仕方に少しでも気を遣うようにしたほうがいい。一本連絡を入れて状況の一端でも知らせてあげるだけで、待つ側はずいぶんと予測できるようになるからだ。

ブラジルの盆踊り　写真：HIROSHI YAMAUCHI/GAMMA／アフロ

一日、学校なり仕事なりを終えて自分のねぐらに帰ってくると、このようにいろいろなところで小さく傷ついた自分がいる。

こうした小さな傷は修復を求めている。「自分の居場所」はその修復のために役立つ。ペット、趣味、道楽といったものは、その修復のための道具である。たとえば、世界地図を眺める、部屋の掃除をする、カメと対話をする（本当の対話にはなっていないかもしれないが）、観葉植物の葉を調える、ネットサーフィンをする……自分だけのことに従事する時間と空間が確保できたら、壊れた自分が修復できる。

人には「壊れた自分を修復すること」への強いこだわりがある。こういう「こだわり」もやみつきのキーワードだろう。

臨床心理学では、「こだわり」は「時間と空間を超えた自分の連続性を保証するものだ」という（渡辺、２００６）。これを身近な例で言えば、およそ次のような意味だと考えていいだろう。美濃のほうでは味噌といえば赤味噌である。美濃の人が関東の人と結婚したとして、白味噌に適応すれば、自分と美濃との連続性は絶たれる。しかしここで赤味噌にこだわれば、時空を超えた自分と美濃との連続性は保証される。故郷を遠く離れても故郷の習慣を守る「こだわり」によって「自分」は時空を超えて郷里とつながるというわけだ。日本から遠く離れてブラジルに暮らす人々も「盆踊り」を踊れば日本とつながり、心は地球の裏側にある故郷に帰る。

さらに「こだわり」は「迎合」の反対であり、人が幼いころ母親によって与えられていた万能感を表に出そうとする行為でもある（豊原、２００６）。これはウィニコットという心理学者が主張したことで、ほどよい養育環境の中にいる幼児は、しつけを受けながらも、自分なりの「こだわり」を表現する。それが養育者に受け容《い》れられて、養育者との良い関係を作っていくことができるという。

ただ、大人になると、自分は万能ではないことを知っている。「こだわり」に合わない行動も我慢してやらなければならない。ところが、「こだわり」を全開にできるのが「やみつき」の世界である。豊原氏は「趣味・道楽の世界は多彩であり、その人の興味やレベル、ペースに合わせて、自由に楽しむことができ、人を魅了し夢中にさせ、その仲間はお互いに受容的、共感的である」と言う。「趣味・道楽」はウィニコットのいう「幼児の遊び」が再現されたものと考えていいらしいのである。

## 「浸る」

「今日は朝の七時から夕方の六時まで、パンをつまみにちょっと動いたきりで身動きもせずに仕事を続けた。だから、仕事はどんどんはかどる。(中略)今、僕は仕事に対して、恋人の持つ透視力か、あるいは恋人の盲目か、どちらかを持っているわけだ」

(『ゴッホの手紙』エミール・ベルナール編、硲《はさま》伊之助訳、岩波文庫、第５５３信)

このように、いままさに何かに「やみつき」になっている人、「やみつき」というよりも何かにとりつかれている人の心理はどうやったらわかるのだろうか？
「楽しみ」や「やみつき」を主な研究テーマにした心理学者は数えるほどしかいない。ここではその代表人物といえるミハイ・チクセントミハイの研究を紹介しよう。チクセントミハイは1934年にハンガリーに生まれた心理学者で、若いときにアメリカに渡り、主にシカゴ大学で研究生活を送った。ここでは代表作『楽しみの社会学』（今村浩明訳、2000、新思索社）をもとに彼の理論のアウトラインを描いてみる（Csikszentmihalyi, 1975）。

チクセントミハイはまず、「金銭、権力、名声、それに快楽の追求が支配的な社会にあって、明確な理由もなく、これらのすべてを犠牲にしている人々――例えば、ロック・クライミングに生命を賭ける人々、芸術に生活を捧げる人々、チェスに精力を費やす人々など――がいるということは驚くべきことである」と述べ、こういう行動の動機を研究することによって「日常生活をより意味あるものにする何ものかを学びとる」ことができるという。

チクセントミハイの研究は実証的だが、その方法やデータはかなりショボい。今日、大学院生がこんな研究計画を持ってきたら「ダメ」と言われそうなものである。

それでもパイオニア的な意義があるので評価されている。そのエッセンスは以下のようなものだ。まずベテランのロック・クライマー、チェスのプレイヤー、プロの作曲家、モダ

| | |
|---|---|
| 第一位 | 経験することや技能を用いることの楽しさ |
| 第二位 | 活動それ自体：活動の型、行為、活動が生み出す世界 |
| 第三位 | 個人的技能の発達 |
| 第四位 | 友情・交友 |
| 第五位 | 競争・他者と自分の比較 |
| 第六位 | 自己の理想の追究 |
| 第七位 | 情緒的な解放 |
| 第八位 | 権威・尊敬・人気 |

ただしバスケットボール選手では競争が第一位で個人的技能の発達が第二位

図13　活動が楽しい理由

ン・ダンサー、ハイスクールのバスケットボールチームのメンバーをそれぞれ数十人ずつ選んで、いろいろな質問に答えてもらった。こういう人々は、他の目的（たとえばカネとか名誉とか）のためではなく、自分で何かをやることが目的になっていて、本当に夢中になっているということで選ばれたようである。

最初に身もふたもなく、「あなたがやっていることはなぜ楽しいのですか？」と聞いてみた。グループによって若干の違いはあるが、ざっくりまとめると図13（『楽しみの社会学』より）のようになっている。第一位が「（それを）経験することや技能を用いることの楽しさ」があるから、第二位が「活動それ自体：活動の型や行為、（その）活動が生み出す世界」が楽しいから、だった。面白いことに、私が達成動機のところで述べたような動機、つまり他人と競争することや、（何かがうまくできるようになることで）

権威や尊敬、人気を勝ち取るなどということは、なるほど「楽しさ」と思われてはいるが、その順位は低い（ただしバスケットボールの選手では高い）。「やること自体が楽しい」という活動を、チクセントミハイは「自己目的的な活動」と呼んだ。

次に、同じグループの人々に「こういう活動をやっているときの感覚が何に近いか？」を尋ねてみた。たとえばセックスに近いか、麻薬の経験に近いか、といったようなことである。

その結果を整理してみると、自己目的的な活動は次のような五つの因子に大きく分類できることがわかった。

第一は、「友情とのくつろぎ」の因子。「親友とともにいる」「セックスをする」「よい映画を見る」「面白い本を読む」といった項目がこのグループに属している。

第二の因子は「麻薬」や「スロットマシン」「高速でクルマを運転する」といった「危険」を伴う因子。これらはいわばスリルを伴う体験や冒険のことであり、たしかにこういうのも「楽しみ」の一種なのだろう。

第三は「問題解決」。知的な活動にハマり、数学の問題を解いたり、装置を組み立てたりする「楽しみ」である。以下、第四は「競争」、第五は「創造」であった。

もう少し詳しく見ると、ロック・クライマーやダンサーといったグループごとに、この問題への回答は異なっている。実は、この因子構造にチクセントミハイは「自己目的的な活動」の興味深い性質を見ている。この調査を始める前には、たとえばロック・クライミングはめまいのするような陶酔感、ダンスは何かの模倣に「楽しみ」があるだろうと想定していたらしいのである。しかし、どちらのグループも自分のやっていることは「何か新しいものを設計または発見する」喜びに近いものだと答えた。

### フロー

「自己目的的な活動」に何かもっとぴったりした名前を与えたくて、チクセントミハイは「流れ」を意味する「フロー」という言葉を使い、こういう活動を「フロー活動」と呼ぶことにした。ここで、研究の主眼が岩登りだとか作曲だとかといったような外見から、「そのとき人は何を感じるか」という内面に移った。

フローとは、チクセントミハイによれば、「行為者の意識的な仲介が必要ないかのように、内的な論理に従って次々に進んでいく」状態で、その状態では「自我と環境との間、刺激と反応との間、過去現在未来との間の差」がほとんどないという。つまり、「私」は「活動」の中に埋没してしまったわけである。チクセントミハイはフローをヨガ、瞑想《めいそう》、禅、などの体験に似たものと言っている。

フロー体験のさなかには、意識と行為が融合している。「わたし」が「何か」をやっているという区別がない。もしもその区別ができてしまい、「わたし」という意識が行為から分離すると、私たちはその行為を外から眺めることになる。そうするともう、フローはフローでなくなってしまう。

では、なぜそんな「意識と行為の融合」といったことが生じるのか？　それは私たちの注意の範囲がたいへん狭くなっているからだと彼は言う。夢中になっているときには注意はどこか一点に集中する。

私は高校のころの弓道の経験を思い出す。和弓では弓を引き絞って的を狙っている状態を「会《かい》」と言う。コーチの話では、この状態で静止していると、「宇宙の気」がだんだん自分の中に満ちてくるそうだ。自分が「宇宙の気」で満たされると、自分の外側と内側の圧力が等しくなるので、「自分」という存在が消える。そのときに矢はおのずと自分の体から離れ、天が描いたコースに従って飛んでいく。「的に当てよう」というような邪念があると、「宇宙の気」が漏れる。それからまた、体から「気」が抜けていくには少し時間がかかるので、矢を放ったからといってすぐにリラックスできるわけではない。だんだん抜けていく余韻を

「残身」という。私はなかなかこういう境地にはなれなかったが、「宇宙の気」を感じる境地とは「フロー」のことなのかとも思う。

次に、チクセントミハイは対象を広げて、社会的な「フロー」について考えた。スポーツや音楽、芝居といった、「フロー」体験を起こすものには「みんなで」やるものが多い。

この状況でも「わたし」は喪失し、「わたし」と「あなた」と「世界」の区別はなくなる。なぜかというと、フローを生じるゲームや祭祀《さいし》、芸術といったものは、すべてのメンバーが自発的に受け容れたルールに従って行われるからである。そこでは役割の配分について干渉がなく、調整も必要ない。もちろん、そこに至る練習や何かの過程では役割を自覚させられることはあるだろうが、いざ「フロー」が流れ始めると、社会的な欲求と自分の欲求は一致する。もしそこで自分が「浮いて」しまったら、フローは崩れる。

## マイクロフロー

私たちがこの本で「やみつき」と呼んで考えている行為が起こす感覚は、「フロー」に似たものだろう。たとえば今日では、チクセントミハイの時代に比べて脳科学が著しく進歩したから、フロー体験とはどういう神経活動と関係があるのかという問いには、何か答えるこ

| 活動 | 例 |
| --- | --- |
| 想像的 | 白昼夢、心の中で音楽、独り言、植物やペットに語りかける、鼻歌、口笛 … |
| 視聴的 | テレビ、ラジオ、レコード、本、雑誌、新聞 … |
| 口唇的 | 何か軽いものを食べる、ガムなど何かを噛む … |
| 身体運動的 | 歩く、走る、軽い運動、一人でのゲームやスポーツ … |
| 創造的 | 楽器の演奏、工作、仕事、手紙、絵 … |
| 社交的 | 買い物、おしゃべり、食事会、パーティー、セックス … |

図14　マイクロフローの領域

とができるに違いない。

もっとも、チクセントミハイは「フロー」を「遊びの研究」と思われることを嫌ったのか、仕事の中でのフロー体験として外科手術をとりあげ、医師にインタビューしたりしている。

また、岩に登ったり作曲をしたりといった、特別なことをしなければ「フロー」の境地に達することはできないと考えていたわけでもなく、日常生活の行動の中にも「フロー」の性質を持ったものがあるという。彼はそれを「マイクロフロー（小さなフロー）」と呼んだ。

「自分の経験にパターンを与える」「注意を集中する」「（やったことの結果としての）フィードバックを得る」といった性質を持ったことは、何でも「フロー」になり得る。マイクロフローの研究はまだ予備的で、たかだか20人の大学生を相手に行われたものに過ぎない。しかし「48時間以内にこんなことをしましたか？」という問いに対する答えについて、図14（前掲書より）に示すような六つの領域の活動が見つかった。

チクセントミハイはここでちょっと趣向を変え、生活に意味を見いだせず、無力感や疎外感を持つ人が「マイクロフロー」に逃げるのではないかという心配をしている。自分自身の価値に気づけなかったり、積極的に社会貢献できなかったりするのがイヤで、なんの変哲もない些細《ささい》な行動に快感を得るように生き方をシフトしてしまうのでは、という心配だ。だが、調査の結果ではそういった傾向はなかった。ただし想像的な行為が多い人や、口唇的活動の多い人は、若干、周囲にうまく溶け込めない傾向があった。

では、マイクロフロー活動に従事しているときにどのような気分を感じているのか？　これには、「良い気分」というプラス傾向と、「べつに……」「どちらかというと落ち込む」というマイナス傾向の両者があった。興味深いことに、周囲に溶け込めるかどうかといった特徴と、マイクロフローのときの気分とは逆の関係があるらしい。

つまり、社交的マイクロフローが多い人は周囲の人の中にうまく溶け込めている。しかし、パーティーに出たり友だちと買い物をしたりするときの気分としてはマイナス側に落ち込む。まわりの人と好みを合わせているので、自分自身の好みを抑圧しているからであろう。逆に身体運動的なマイクロフローが多い人は周囲からは孤立する傾向がある。しかし、運動に打ち込んでいるときの自分の気分は「良い方向」、プラスに傾く。個人的な楽しみを重視するからであろう。

フローは四六時中感じることのできるものではない。ときどきやってくる。だからいいのだ。フロー状態と、そうでない状態が交互にやってきて、人は「フロー」を味わわせてくれるような行動の「やみつき」になる。

ただし、フロー理論ももう古くなった。1970年代の形のままでは今日の社会を読み解く枠組みとして役立つことはないだろう。だが、そのころより人生は長くなった。身の回りのモノも豊かになった。それなのに忙しさと競争の激しさは増し、人々は生きることに疲れ始めている。もう一度、楽しみ、夢中、喜びといったことの価値を問い直すときが来たように思う。フロー理論は新たな装いと方法を得て復活する可能性があるだろう。

# 第5章　「やみつき」がくれるパワー

コーヒーブレーク

E：あのー。本当のところは、ゲームの奥深さってわかってもらえてないですよね？
H：わかってますよ。仕事も人生もゲームだから、オレにとっては。
E：そうきましたか。たとえばゲームには難易度って言葉があります。『メタルギア ソリッド』の例で言うと、高い「難易度」でクリアーしたときに、周囲の構造物や景色に溶け込んで姿を隠すことができるスーツが手に入ります。
H：そりゃそうだろよ、そうやって達成感を作ってくんだから。
E：ところが、先生のようにどうしても反射神経が鈍い人とかには、「難易度：EASY」を選んでも最後まで遊び尽くせるように設計されていたりするんです。
H：えぇえぇ、どうせオレは鈍いですよ。でも、昔のマッキントッシュの「ハイパーカード」というソフトがそうだったな。お絵描きするだけでも楽しく、プログラミングができても楽しかった。五段階ぐらいあってビギナーからベテランまで自分の好きなものを作ることができた。いまはああいうのがない。
E：ただ、問題は設計の巧妙さじゃないんです。あらゆるステージでそれなりに楽しむっていう、プレイヤーの気構えみたいなものが大切なんです。「あそこまで行かなきゃ面白くない」という気構えでは人生の大半をツマラナく過ごさなければならないし、目標を達成したとたんに燃え尽きるってこともある。
H：これから二つの章を使って「やみつき」の良さみたいなものを考えるわけだが……。
E：誰でもいつでも自分にとっての「良さ」を感じることはできる。難易度はその見当をつけるためにあるって語りたかったんですがね……まぁ、明るく行きましょう（笑）。

## 「やみつき」は自分を支えてくれる

ここであらためて本書の目的に立ち戻ってみよう。それは「病み」「付く」から生まれた「やみつき」を、人生を豊かにする手段として有効に活用すること、そのために、「やみつき」を知り、どうすれば「やみつき」のネガティブイメージをひっくり返せるかを考えることだった。そしてなぜいま、この時代に「やみつき」が大切だと言えるのかを考えるのもねらいだった。

なぜかというと、第1章で書いたように、「やみつき」になっている人は幸せそうに見えるし、「やみつき」になった人がパワーを出して、スゴイことを成し遂げてきたように思うからだ。いま、私たちが何となく気力をなくし、ユウウツな日々を送っているのは、何かに

「やみつき」になることができないからではないだろうか?

誰だって隠れたパワーを持っている。限られた人だけがパワーを持っているわけではない。だが、多くの人は自分の持っているパワーに気づかない。何かに「やみつき」になってみなければ、そのパワーを感じることはないのだ。

だが、それを考えるときに、はたして「外から見える」「やみつき」の行動が大事なのだろうか? 私たちがこれまでの章で見てきたのは、どちらかというと他人や動物の「やみつき」を客観的に「外から」観察したものだった。そういう観察に基づいて、「やみつき」の性質を整理しようとした。しかし、「やみつき」の捉え方は実に多様で、私たちがこれまでの章で考えてきたものとは違う別の見方もあるはずだ。客観的な観察結果だけでは「やみつき」は捉えきれない。たとえば、毎日4キロジョギングをして200メートル泳ぐ人は運動の立派な「やみつき」だが、たかだか500メートルほど散歩をする人は「やみつき」とは呼べない、ということがあるだろうか? 第2章に書いたが、そんなことはない。外から見た行動に「やみつき合格基準」みたいなものはないのだ。

そこで、これから「やみつき」の意味や「効用」を考えるには、まずは「個人」、そして「個人的なこと」や「私にしかわからないすばらしさ」を大事にしようと思う。人それぞれに好みがある。生まれてからいままで、まったくもって隅から隅まで同じように育ってきた人はいない。何に「やみつき」になっているのかが外からはわからなくても、一人の人間の中にある「やみつき」のエッセンスに目を向けたらいいと思うのだ。

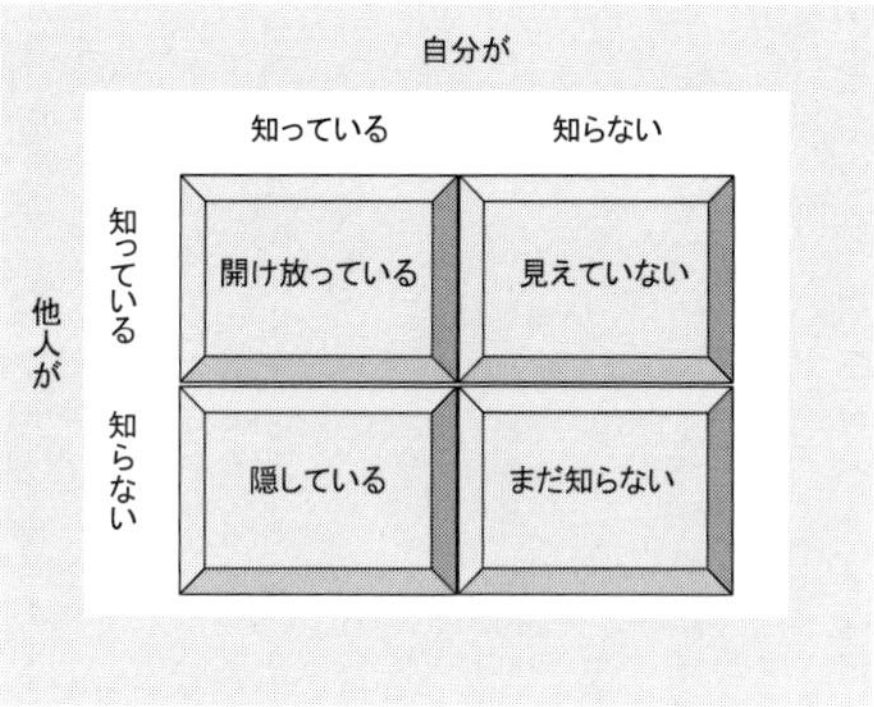


図15　ジョハリの窓

**隠れた自分に気づく**

私たちがやっていることのうち、自分自身で気がついていることはごく一部に過ぎない。「自分で気づいているか」、「他人が気づいているか」という軸で整理すると、私たちのやっていることは、図15のように四つの領域に区別できる。これを考えた二人の心理学者の名前をとって「ジョハリの窓」という。この窓は、たとえば人間関係を良くしたいというような目的に応用できる。その場合は、自分からも他人からも隠れた部分があまり多いとよくないので、自分をもっとさらけだすか、他人の言うことに率直に耳を傾けるといった方法で「窓」の境界線を動かす工夫をする。

「やみつき」になってやっていることには、たとえ他人には気づかれていても、自分で気づいていないことが多い。ジョハリの窓でいうと右上になる。

たとえば町工場の職人さんたちのことを考えてみる。その人たちは「神業《わざ》」と言える技量を持っている。だが、ご自分ではそれほどスゴイことをやっているとは自覚されていないことが多い。「うーん、毎日やっていることですから……」などと言われる。私はかつて大阪の八尾にある特殊な金属加工メーカーと取引したことがあったが、そこで働いている人たちは（小さな工場なので全部で5人しかいないが）、金属板を留めるリベットを作っている。大まかなところは工作機械が切り出すが、最後は人がやすりで削って仕上げる。ところが、それをはたから見ていると、「シュッ」と一瞬やすりをあてがうだけである。そうして皿の中にできあがったリベットをぽんぽん放り込んでいく。だが、その「シュッ」という一撃で、○・何ミリかのバリが取れて、正確に同じ大きさのリベットになっていく。しかも、その人たちは自分ではスゴイことをやっているとは思わず、私がびっくりしていることにびっくりしている。

いい笑顔の職人さんたちだった。

たったいま、外から見える行動ではわからない、本人だけが知っていることが大事だと言ったくせに、現実はまったく逆ではないかと思われるかもしれない。

しかし、もう一度「ジョハリの窓」を見てほしい。「私にしかわからないすばらしさ」を大事にしようと言っても、自分ではそれを知らないか、あるいは、それに気づいていないことが多い。「やみつき」は前の章で述べた「フロー」のように、何かに没頭している状態、浸りきった状態だ。だから、そこでどんなスゴイことをやっているのかは、他人から見たらわかるが、自分では見当もついていないのだ。

「やみつき」の行動はわりと目立つので、他人から言われて初めて「ああ、そうだったか」と気づくことがある。

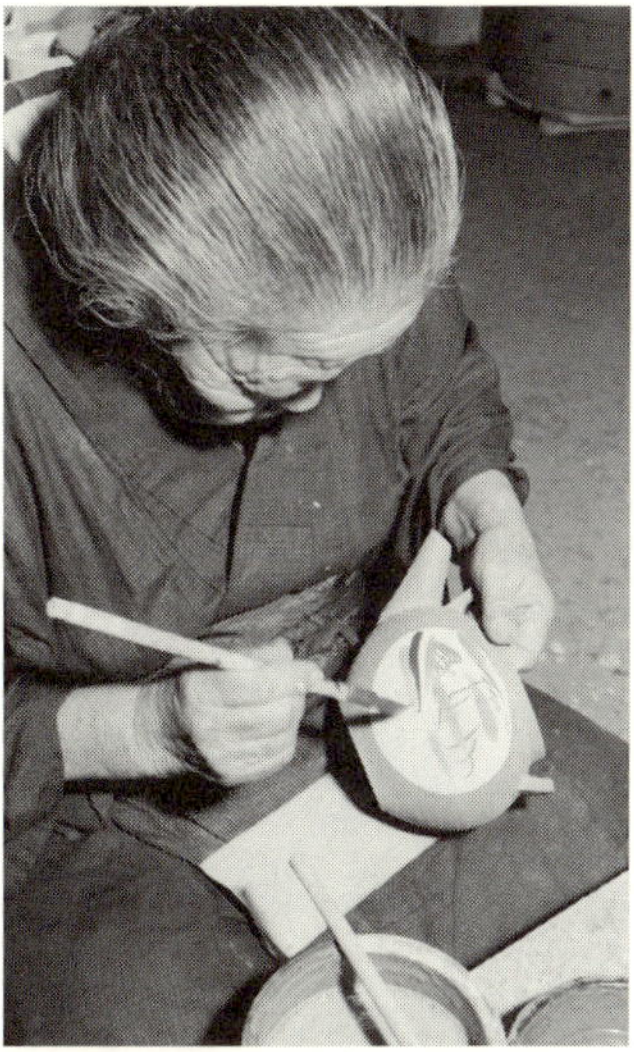
無心に絵付けをする皆川マス
ⓒ毎日新聞社

別の例を挙げよう。

栃木県を産地とする陶器の益子《まし こ》焼に「山水土瓶」というものがある。「山水土瓶」の装飾画は、風景を非常に簡略にし、まるで抽象画のように表した絵柄で知られる。その絵付け師の中に皆川マスという女性がいた。皆川マスは高等教育を受けておらず、字も読めなかったという。マスは10歳のころから絵付けを習い、ただひたすら土瓶に絵を描いてきた。日用の工芸品に美を見いだし、民芸運動を起こした柳宗悦《むねよし》は、皆川マスが絵付けした土瓶の数を４００万個以上と見積もっている。宗悦は「もとより安土瓶でありまして、主に関東一帯の台所で用いられたごく普通の雑器であります」と言うが（「益子の絵土瓶」１９５４、『民藝紀行』岩波文庫所収）、そこに雄渾《ゆうこん》な美しさを見ている。だが、マス自身は「すごいことをやっている」ことにまったく気づいていなかった。昭和22（１９４７）年に昭和天皇が行幸されたとき、「毎日絵を描いていて楽しいですか？」と尋ねられ、「ちっとも楽しくなんかねえ」と答えてお供の人を慌てさせたそうだ。

ところで、皆川マスがこんな素晴らしい絵付けをするようになった理由を柳宗悦はこのようにまとめている。

第一に、繰り返しによって仕事が熟達し、技が完成した。

第二に、熟達すると何を描くかを意識しなくなった。

第三に、土瓶は工房で大量生産されるもので、絵付けも個人的な仕事ではないから、ひとりの人間の小さな個性に閉じ込められなかった。

第四に、美しく描かねばならないとか、下手ではいけないといった、他人と比べる悩みがなかった。

第五に、画題が決められているので、何を描こうかと思い悩む必要がなかった。

第六に、同じような絵を毎日描き、すべてを忘れて描き続けるので、こだわりがなくなった。

第七に、多く早く描くので図柄が簡略になり、大事なところだけが「結晶化」された。


さて、この七つの特徴をよくよく考えてみると、話が急に変わるようで恐縮だが、たとえば風呂場の浴槽をスポンジと洗剤で洗うような日課とどこが違うのかと思えてくる。

希少価値、つまり「行動を外から見たときの価値」という点では、皆川マスのような神業のほうが貴重だろう。お風呂洗いは「いかにも」な行動だ。しかし、ここではそれを考えず、「私の心の中」を問題にする。そうすると、風呂磨きもそれなりに貴重ではないか。「やみつき」は何か特別な行動である必要はない。毎日繰り返し行われている物事の何もかも、ごはんを炊く、風呂をそうじする、洗濯物を干す、そういうことにも十分な値打ちがある。

私たちは普段、自分で気がつかないうちにけっこう値打ちのあることをやっている。「やみつき」を自覚すると、まずはそういう自分の「値打ち」に気づくはずだ。

## 自己肯定感

そうすると、その次には「自分はこれでいいのだ」と思えるようになる。

この感じを「自己肯定感」と言う。自己肯定感は精神的な健康の基盤だ。それと同時に重要なのは、他人を尊重する気持ちの源泉でもあるということだ。自分の精神的な健康の基盤になっているというのならまだ理解しやすいだろう。自分で自分のことを「これでいいのだ」と思えるようになれば、困ったことや悩みごとがあっても、「自分にはそれを乗りきるパワーがある」と思うことができるからだ。

しかし、なぜ自己肯定感が他者尊重の源泉なのだろうか？　このカラクリをわかってもらうにはちょっと説明が必要だ。

そのためには、「アイツも気に入らない」「コイツも気に入らない」という気持ちがどうして起こるのかを考えたらわかりやすい。それは、コイツやアイツに傷つけられてしまったと思う自分がいるからだ。あそこでもここでも傷つけられたと思うと、他人なんか嫌いになる。

ここで「自己肯定感」が強く、「この程度では私は傷つかない」という自信のようなものがあったらどうだろう。それなら、ゆったりした気持ちで他人の言うことを認めることができる。「なるほど、いいことを言ってくれるなあ」という感じで尊敬することもできるようになる。つまり、自己肯定感が強いと、ちょっとしたことでは傷つかないから、他人には他人の考えもあり、感情もあることが余裕をもって受け止められるようになるのである。

こういうわけで自己肯定感は他者尊重の源泉になる。それは生きていくうえでとても大事な感覚なのだが、あいにく、自己否定につながりかねないような「また、くだらないことに時間を浪費してしまった」なんてセリフが似合ってしまうのが、「やみつき」だったりする。「いい年をしたオトナが……」と言われるとき、たいてい「……」には自分の一番好きなことが入る。

どうすれば自己肯定感を得ることができるのか？　データとしてわかっているのは次の二つだ。

一つは、これはオトナではなく小学校5年生と6年生への調査でわかったことだが、自己肯定感を持つためには「感動体験」が必要らしい（佐伯ら、２００６）。「美しい景色を見た」とか「頑張っているところをトモダチが応援してくれた」、あるいは「トモダチが頑張っているのを見た」といった体験が自己肯定感につながる。

第二に、これは高校生を対象にした調査でわかったのだが、自己肯定感を持つためには「心の居場所感」といえるような感覚が必要だという。「心の居場所」は基本的に安心・安全で、そこには自分を見つめることのできる「何か」がある（斉藤ら、２００８）。「気持ちが通じ合う人がいること」「自分が生き生きできること」「やりがいや満足を感じること」などが「居場所感」を支えている。

「やみつき」は、この「感動体験」と「居場所感」の両方を与えてくれるのではないだろうか。

## 〝ググって〟得られないもの

やや話が脱線するが、いまこれを読んでいるあなたが何かの問題にぶち当たったとき、どうやって解決策を探るだろうか？　多くの人が、まず「ググって」みるんじゃないだろうか。「ググる」とは、「Googleで検索する」ということで、要するにインターネットで検索して解決しようという方法である。

いま「やみつき」の意味を考えざるを得ないのは、実はこうした「ググる」慣習があまりにも一般的になってしまったからだ。コマーシャルをはじめ、何にでも「クリック!」「検索」と出て、「ググる」行動をあおっている。「ググる」こと自体が悪いわけではないのだが、どうしてそうなったのかを考えると、その背景が気になるのだ。

もちろん、Googleを批判することが私たちの目的ではない。そうではなく、あらゆる情報が「ログ」、「クラウド」として私たちの身の回りに浮遊するようになる今日(そしてこれから)、お手軽に情報を集めること、いや、そもそも「情報を集めること」にどれだけの意味があるのかなと、ちょっと心配になるのだ。どんな立派な検索エンジンであろうと、正しいか間違っているかにかかわらず、ネットにある情報はしょせん、誰か別の人間が用意した情報。その情報が自分でものを考えるきっかけになればいいが、考える部分さえもネットに預けてしまっていないだろうか。

もっとはっきり言うと、何かを考える代わりに「いろいろな考え方を集める」ことに価値がある、という方向へ進んでいってしまっているのではないだろうか。

たとえば、おいしい酒を楽しみ、その楽しみに「やみつき」になるのは、本人がお酒を楽しんでいるからこそ意味があるわけで、他人がお酒に「やみつき」になっている情報をいくら集めても意味がないはずだ。情報を集めた人がお酒の旨《うま》さに「やみつき」になるわけではない。しかし、ネットを検索すると、お酒にやみつきになるとどうなるか、どんな感情が芽生え、どんな効果や影響があるかという情報や知識だけは、いかようにもアタマにインプットできてしまう。また、テレビゲームは、自分の頭で考えて自分の判断とテクニックで物語を進めていくのが楽しいはずなのに、その攻略法を「ググって」しまうことによって、頭を悩ませたり、立ち止まって時間をかけながら試行錯誤したりする部分を省き、それでも物語の旨味だけはしっかり味わってしまうことができる。本でもＤＶＤでも「レビュー」を眺めただけで、読んでもいない本や見てもいない映画について何かがわかったような気になってはいないだろうか。

知識や情報や知恵の共有と言えば聞こえはイイが、結局は自分で考えず、一番得をする攻略法にすばやくたどり着いて、ラクに物事を進めてしまう。いまのような社会では、たしかに時間をムダにせず、得をするルートが「おりこう」なのかもしれないが、そこに、「わたし」という人物は、まったくといっていいほど存在しないし、関与しない。

「やみつき」とは「こだわり」でもあり、しごく個人的なものだ。世の中にはさまざまな情報や技術があり、それをすばやく発見したり広めたりすることが求められている時代ではあるけれども、ひとりの人間にとっては、新しい情報や新しい技術に触れていく一瞬一瞬が驚きと感動に包まれているはずだ。

たとえばの話、最新の科学技術の動向などというものは、パソコンをインターネットにつないで、文献やニュースのデータベースを巡回していれば、部屋から一歩も出なくてもわかる。それらを適当に加工して面白い話にすれば、まあ、大学の講義程度には十分だし、一般向けの解説書もサクサク書ける。しかし、そういうことをすべきだろうか。

もっと極端な想像をする。情報収集はロボットに任せることができる。気になるキーワードをインプットしておけば、ロボットがネットを巡回して、情報を集めてくれる。その情報を集約する方法もわかっているから、大事なところを抜き書きして、ロボットがレポートを書いてくれる。このレポートを人工知能で解析すると、次の標的にすべきキーワードがわかる。そうすると、ロボットがまた情報を収集しにネットの海を泳いでいく。仮に、こういう循環が完成したとすると、文献的な「研究」は自動的に進む。そのとき「わたし」が存在する意味はいったい何なんだという話である。

「わたし」にこだわり、手間と時間をかけて「わたし」がものを調べ、考える。それは「おりこう」な方法ではなく、「スマート」ではなく、できあがったものは「ググった」ものよりミジメかもしれない。だが、ここで自己肯定感に登場してもらおう。「これでいいのだ」。

自分が生きていることが大事なんだから。そして、次へ進もう。実在の人物ではないが、バカボンのパパはきわめて偉大で、普遍的で、健康的な精神の持ち主である。

## 「やみつき」は自分を伸ばしてくれる

### 根気・やる気・負けん気

思い返せば私たちは幼いころ、毎日イタズラに終始していた。限度を超えなければ、何でも好きに「繰り返す」ことが許されていた時代だ。道という道には落とし穴をしかけ、枝という枝にはトリモチをしかけた。もっとやっておけばよかった。

小学生くらいからは、急激に習い事などの「任務」が増え、中学生ともなると、より時間や課題に束縛されることが多くなっていった。部活動などを思い返してみると、ほとんどが「繰り返し」の連続だった。その「繰り返し」は、当時は苦痛以外の何物でもなかった。日々の練習がより良い結果を生み出すとわかっていても、辛いものは辛い。しかし、確実にクオリティは上がる。クオリティが上がることを知っているから、辛くても繰り返した。その「クオリティ」とは、他人の評価ではなく、何か「このままでは自分が満足できない」という自覚だった。ピアニストは1日練習をさぼったら自分にわかり、2日さぼったら批評家にわかり、3日さぼったら客にわかるという。近ごろは何でも他人に「評価」される時代だが、実を言うと、他人からの評価を守ろうとすれば、少々さぼっても大丈夫だ。「仲間」と話題を合わせ、話にうち興じるのはいともたやすい。しかし、自分自身は満足できない。「やみつき」はしょせん自分の満足。他人から評価してもらっても自分でダメならダメである。「自己満足」は実は厳しいのだ。

そういう記憶に基づいて子供のころのイタズラを振り返ると、あれも繰り返すたびに「クオリティ」が上がっていた。落とし穴にもいろいろな工夫があるものだ。初心者が掘ると落ちた人がケガをする。穴の下のほうにはクッションになるものを敷き詰め、上のほうに大きな空間を作っておくのがコツだが、これがなかなか難しい。

前の章で見たように、「やみつき」という行動自体に満足感や達成感を生じさせる仕組みがある。だから、何に「やみつき」になるかという対象とは関係ない。ひと昔前、ビデオゲームは悪とされたものだった。小説、マンガ、テレビと、エンターテインメントを発信するツールが生まれるたびに叩《たた》かれてきた歴史をそのまま繰り返すように、ゲームが叩かれた時代があった。ところがいま、あの「ゲーム脳」の話はどこへ？　それに首を大きく縦に振っ

シリアスゲームには大きな可能性がある。一番左側の男性は、ゲーム会社レベルファイブ代表取締役社長／CEOの日野晃博氏　ⓒGFF

ていたメディアもどこへやら？

　あの逆風は過去のものになり、ここ5年ぐらいでマンガ、アニメ、ゲームなどのエンターテインメント作品を、日本のコンテンツとして世界に輸出していこうという風向きが生まれた。これはゲームのプレイヤーとクリエイターの双方が大事にコンテンツを温めて、育ててきたからである。それはまさに「やみつき」の力だった。作り手と遊び手がときには役割を交代し、根気よくチャレンジを繰り返してクオリティの向上をはかってきた。逆風が吹いているときには両者の負けん気がゲームへの「やみつき」を加速させた。そのおかげで名作がたくさん生まれた。

　ゲームのすそ野も広がり、ゲームはいまや単なる「遊び」を超えた。シリアスゲームと呼ばれるジャンルでは、ゲームの「楽しみ」は保ったまま、教育や医療など現実の目的に応用できるゲームが生まれている。これは産官学合同の一大プロジェクトにもなったのだ（写真はGFFと九州大学、福岡市が産官学合同で進めているシリアスゲーム開発プロジェクト。GFFとはGame Factory's Friendship の略である）。

ゲームは「やみつき」が人にパワーを与えているうちに、逆風が追い風になり、題材や応用範囲も拡張して発展した面白い例である。ゲームに限らず、「やみつき」がレベルアップをもたらしてくれる例は、スポーツ、音楽、演劇、研究など、身の回りの至るところにある。というか、「やみつき」になっていないと「いま一歩」というときの「押し」が出ない。そういう点でも「自分にこんな力があったのか」と自覚させてくれるのが「やみつき」である。

## 失敗してもへっちゃら

このように「やみつき」は挑戦するパワーを与えてくれるが、そう簡単にはうまくいかないのが世の常だ。

「トライアル&エラー（試行錯誤）」という言葉がある。挑戦と失敗を繰り返してだんだんうまくなっていくことだ。「失敗は成功の母」とも言う。心理学で「試行錯誤」というと、なんだかわけがわからないうちに上達していく行動という意味である。「この道が正解だ」

とはっきりわかるわけではない。はっきりわかるほうは「洞察」と言い、試行錯誤とは違うものである。洞察の場合、迷いは突然解決し、解決したら再び「できない」状態に戻ることはない。幾何の「補助線を引く」という問題を思い出していただくと、洞察とは何かがわかると思う。その前後でものの見え方がまるで変わる。

一方、試行錯誤のほうは、わけがわかっていないから、一度上達しても逆戻りすることがある。私たちの日常生活の中には、試行錯誤を繰り返して何かを学ぶことが多い。新車に乗ったときは、あまり「錯誤」するわけにはいかないが、ちょっと動かして車両感覚を身につけなければならない。あるいは、ブラスバンドやコーラスの経験がある方なら、順調に練習を重ねてきて上達したのに、大事なコンクールの直前というときになって、演奏がガタガタに崩れたという記憶をお持ちではないだろうか？　たぶん、そういう記憶を持っている方は多く、本気で真っ青になったことがあるだろう。スポーツでも似たようなことがある。「崩れてしまう」ことは試行錯誤学習にはつきものなのだ。

しかし、何が成功で何が失敗かは簡単に言えることではない。そこで考えを変えて、大事なのは「エラー」ではなくて「トライ」のほうだと考えたらどうだろう。

それには何度でも何かをこなせる「体力」が必要だし、繰り返して没頭できることでなければ「トライ」したくならない。その体力や没頭にこそ価値がある。それが人のパワーの源泉ではないだろうか。

一回成功したら「はい、おしまい」といって終了できてしまえる物事に、自信を持って「ハマっています!」「大好きです!」とは言えないだろう。「どうせ、一度うまくいったらやめちゃうんでしょ?」、そう言われたら返す言葉がない。仕事でも話は似ている。一度でうまくいってスイスイ、ということはないのだ。何度も失敗し、何度も挑戦する。その果てに要職についてしまったあなたには、もう試行錯誤した時代のことがわからなくなっているだろうか? ある役職につくことは、これまで下積み時代にやってきたことをやらなくていいということではない。これまで自分がやってきた地道で大変で面倒な仕事を、今度は自分の部下が担ってくれるということなのだ。のど元を過ぎたら熱さを忘れて、辛い業務でも自分以外の人がやる分には構わないということにはならない。「私はすでに偉くなったから、いまさら失敗はできない」、そう思っていると自分が萎縮してくる。しかし、現実にはいつまでもチャレンジは続き、そうなると常に失敗する可能性はある。

だが、人には失敗を乗り越える力がある。

ひとつの例を紹介しよう。これは367人の大学生を対象にして、スポーツの「至高体験」と「どん底体験」について尋ねた研究である（山田、1998）。

「至高」と言うと何やら超越的な感じがするが、英語では「ピーク」と言い、楽しい瞬間、喜びを感じるときのことである。スポーツをやっているといろいろなときに喜びを感じる。この調査では一人一件限り、これまでで最も強かった「至高体験」について答えてもらった。大学生の答えは、「うまくいった」「ベストのプレイができた」「期待以上の結果が出た」「激しいトレーニングを終えた」などというときが「至高体験」だった。至高体験には「忍耐力ができる」「自信が持てる」「友情を感じる」などの効果があった。

一方、「どん底の体験」も一人一回、これまでの人生で最も強い体験について聞いた。当然ながら「不成功、不首尾」「ケガや病気」「競争に負けた」「人間関係のつまずき」といったときに「どん底」を感じていた。そのときには「落ち込み」「後悔」、「怒り」といった感情を感じていたのだが、注目したいのはその「効果」である。「どん底体験はあなたの人生にどんな影響を与えましたか?」という問いに対して、図16のように43パーセント、実に半数近くの人が「良い（ポジティブな）効果があった」と答えている。「どん底」にもちゃんと意味があるのだ。しかも、こう答えているのは特別なスポーツ選手ではない。「やみつき」

になっている人と確認されていないのが残念だが、強烈な体験について答えてもらっているので、その記憶は何度も自分の中で繰り返されたことと思う。

ごく普通の人も「失敗」をプラスに転じることができる。繰り返してチャレンジし、不首尾を挽回するチャンスがあるとなれば、どん底をプラスに転じる力はますます強くなるだろう。この論文は、「どん底体験にポジティブな効果があるという事実は、人間にはすばらしい可能性があることを示唆している」という文で結ばれている。

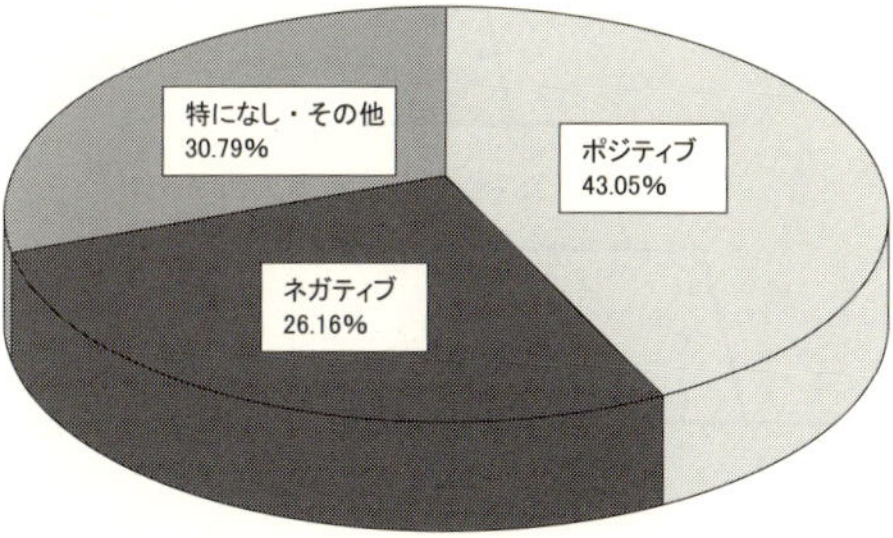


図16　「どん底」体験にはポジティブな効果がある

## 限界を乗り越える

失敗を重ね、試行錯誤を繰り返しながら、クオリティはだんだん向上していく。

それが「やみつき」の効用だ。いつのまにか自分自身の限界を越えている。もちろん、一足飛びに限界を越えるわけではなく、人がレベルアップしていく道すじにはいくつかの段

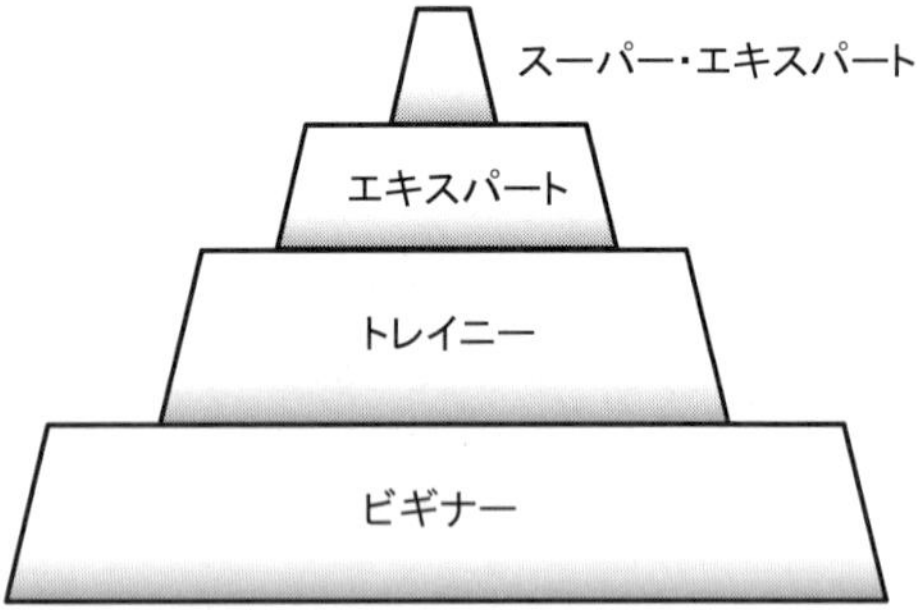


図17　「やみつき」で達人へ

階がある。

それについては面白いモデルがある。これは脳神経外科の医師が手術に上達していく過程をモデル化したものだ（石川ら、２００７）。私が思うに、このモデルは外科手術以外の場合でも、極論すれば何にでも成り立つように思うので、ここで紹介しておきたい。

このモデルによると、上達の過程には「ビギナー」「トレイニー（訓練生）」「エキスパート」「スーパー・エキスパート」の四つの段階がある（図17）。

ビギナーは教育を受け始めると、「何か経験してみたい」と思うが、自分で何かを実行することはできない。訓練生は理論やイメージを知っており、自分で考えることはできるが、まだまだ経験と技術が不足している。エキスパートになると、およそあらゆるケースに対応でき、人に教えることができる。さらに、自分の手に負えないケースは誰に紹介すべきかを知っている。また、経験を重ねて自ら成長していくことができる。きわめて多くの経験と技術に裏打ちされたエキスパートが「スーパー・エキスパート」である。

ちょっと話が脇道にそれるが、思い出したことがあるので書いておく。いまのは脳神経外科の手術の話だったが、臨床心理のカウンセリングにもまったく同じところがある。それは、「これは自分の手に負えないかもしれない」と考えるのは初心者ではなく、ベテランだということである。どうしてだろうか？　最初は「実るほど頭の下がる」ということかと思ったのだが、そんな道徳の訓話みたいなものだけではないようだ。ひとつには、「誰かに紹介する」というからには人脈が広く、一人一人のベテランの得意技をよく知っているわけである。これは初心者にできることではない。もうひとつ、発達心理学では「万能感」は幼児が持つものだということになっている。自分の力の限界を知らず、実は親に守られているのにそれに気づいていない。この万能感が崩れていくことが精神的な発達なのだ。それと同じように、自分の「戦力」を知らないうちは「何でもできる」と思ってしまうのだろう。

さて、話がそれたが、この論文によると、まずビギナーからトレイニーにあがるのに必要なのは、(1)基本操作の技量、(2)準備段階の理論やイメージ、(3)経験を前向きに処理できる「胆力」などであるという。ここでは座学や仕事を離れた雑談などから学ぶことが多い。次に、トレイニーからエキスパートに移るためにはイメージや理論を経験の中で組み

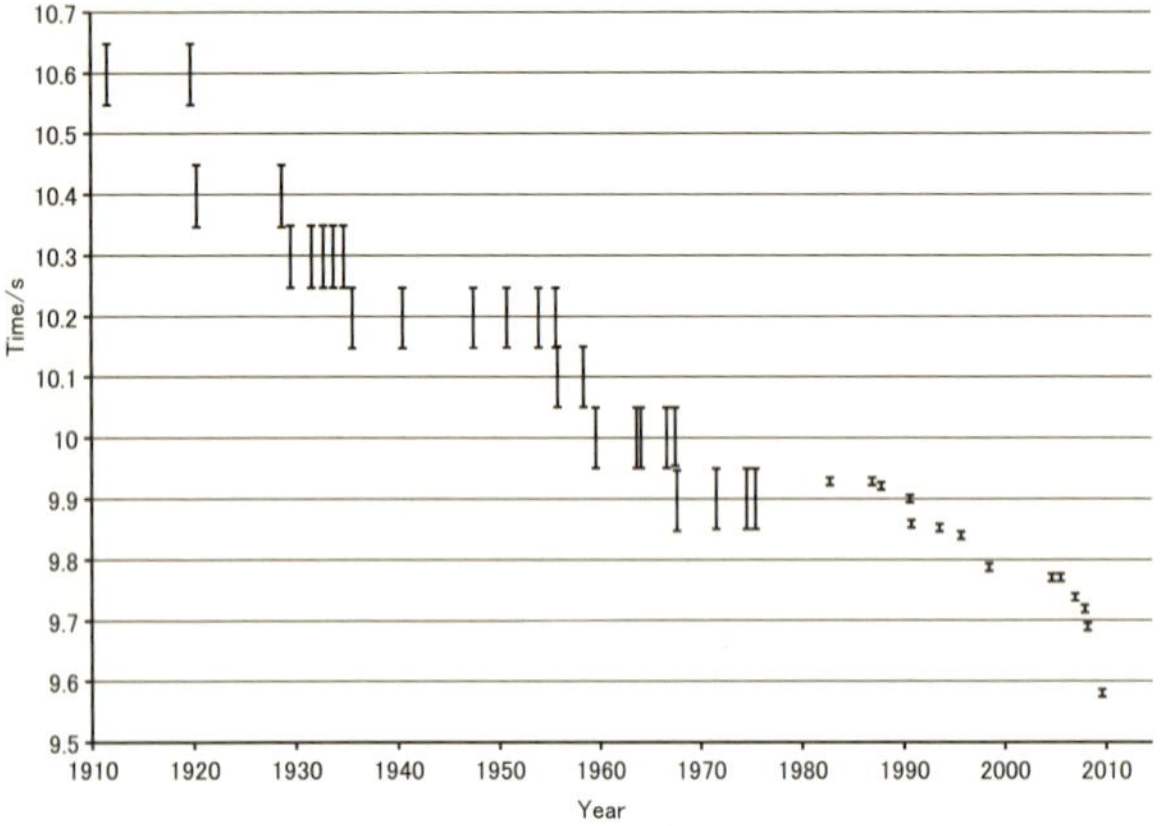


図 18　男子 100 メートル走の世界記録

立て直す。そのためには意図的に集約した実地の訓練が必要であり、ここは「暗黙知を排除できない段階」であるという。「暗黙知」とは、「これはこうだからこうなる」ということがはっきり言えない「知識」のことで、体で覚えるコツやカンのようなものだ。まさに「やみつき」になっているうちに体得できるものである。「スーパー・エキスパート」には誰もがなれるわけではないから省略する。ただ、いろいろな人に教えることができるかどうかが大事だという。

人間はだんだんレベルアップする。図18に示したのは、陸上の男子100メートル走の世界記録である。何の飾り気もない単純明快な「かけっこ」だが、運動会からオリンピックまで、最も人気のある競技のひとつであることはご承知の通り。

これを見ると100年間でおよそ1秒も記録が縮まっている。この短縮の背景には、トレーニング法の改良、シューズやウェアの改良、運動生理学の進歩などなど、さまざまな要因があったことだろう。それらがみな一緒になって、「世界最速の走り」を目指してきた。

考えれば100メートル公認世界記録が10秒6だった1910年から、人間は常に「最も速く……」と思い続けてきたのである。いつも限界に挑戦し、しかもその限界が変わってきた。百年でおよそ1秒も短縮したのだ。これが「やみつき」の力だろう。

だからと言っていまから900年後には人類は100メートルをゼロ秒で瞬間移動できるようになる、なんてことはないワケで、このままいくとどこかに必ず本当の限界がある。その限界はどこにあるのだろうか？　その限界が来たときに人間は何をするだろうか？　そういうことを考えるとかなり心配になるが、それでも人間は100メートル走を続ける。限界があるからといってやめようという悲観的な話にはならない。余計な心配はしない。これもまた「やみつき」の力である。

コーヒーブレーク

H：ちょっとマジメすぎない？

E：何でですか？　ボクはマジメで結構だと思いますね。

H：そうかな、もうちょっと肩の力を抜きたいんだけど。

E：ボクはこのごろの社会に、ある種の危機感を持っているんです。

H：そりゃまた若いのに立派な。で、どんな危機感です？

E：ひと言で表すなら、「ディジタル化」です。ゼロか一か、白黒はっきりさせないと気持ちや心が落ち着かない。自分自身も含めて、そんな人たちがたくさん出てきているように思います。政治家が一つミスをした瞬間、すぐに「辞任・辞職」をチラつかせないと視聴者が納得しないようなテレビ番組の作り方も、これに当てはまる気がします。

H：それはまあ同感ですけど。

E：ゲームでも、アイテムが手に入るのか入らないのか。クリアーできるのかできないのか。そういう情報にまず敏感になって、物語に無関係な寄り道の部分を遊ぶ余裕が、プレイヤーからどんどん失われている印象があるんです。思い過ごしならいいんですけれど。人々にもっと寛容になってほしい。余裕を持って、ドーンと構えてほしいなぁ、と。もちろん自分自身も含めてです。

Ｈ：白でも黒でもないグレーゾーンをたくさん持つということ？

Ｅ：少なくとも小数点第一位ぐらいまでは認識できるような心の目盛りを持てたらいいと思います。グレーゾーンを大事にしてきたのが日本文化のすばらしさかもしれないし……。

Ｈ：……ふむ。そうか（ひらめいた！）！　これまでの話にもう一つ必要だと思ってたんだ。何かが欠けているような気がしていた。

Ｅ：え？　どうしたんですか、突然。

Ｈ：この章、もう一節頑張るぞ。キーワードは「遊び」、だ！

Ｅ：なんだか先生もここにきて、「やみつき」が加速してきましたね（笑）。

## 「やみつき」のコントロール〜遊び

**ホイジンガ**

「やみつき」は「夢中」、「熱中」、自分を支えてくれるもの、自分を伸ばしてくれるものだ。だが、それだけだと視野が狭くなる。世界に自分と「やみつき」の対象と、ただ二つだけ。ほかのことは何も見えていない。「至高」の一瞬はそれでいいかもしれないが、常にそれでは人間はバランスを欠く。ちょっとぐらいバランスを欠いた人に魅力を感じるのは事実だが、それもまた私たちの気持ちに余裕があって、そういう人のことをゆったりと眺めることができるからだ。この余裕があると「やみつき」とそうでないことのメリハリがつく。それでこそ「やみつき」の面白さが浮かびあがってくる。

余裕を持つためにはどうすればいいか？ それには、「やみつき」は「遊び」だと考えたらどうだろう。おのずと「頑張ってしまう」のが「やみつき」だから、意識して「頑張る」のをやめるのだ。

「遊び」について本気で考えた近代の思想家に、オランダの歴史学者で思想家のヨハン・ホイジンガがいる。ホイジンガは「人間は遊ぶ存在だ」と考えて、『ホモ・ルーデンス』という本を書いた。１９３８年のことだ。人類のことを「ホモ・サピエンス」というが、この「サピエンス」というのは「知恵がある」という意味である。私たちは自分のことを知恵ある存在だと考え、人間の本質は知恵にあると考えたから、こういう学名をこしらえたわけだ。しかし、知恵ならサルにもあるし、ネズミにもサカナにもそれなりにある。もっと何か人間の本質をぴったり表すような言葉はないか？ そこでホイジンガは「遊び」に思い至った。

ホイジンガに言わせれば、遊びを研究してきた心理学者たちはまじめすぎた。人間が遊ぶのは何かを学ぶため、たとえば社会のルールとか、勝ち負けとか、他人とのやりとりとか、そういうものを学習する機会が「遊び」だという。それはそれで構わないのだが、こういう研究には「遊びは楽しい」という決定的な視点が欠けている。

そこでホイジンガは、時間と空間が日常生活から隔てられたところで行われるさまざまな「ゲーム」について思いをめぐらせた。「ゲーム」にはルールがある。「ゲーム」には本気で参加しないと面白くない。「ゲーム」は強制されて参加するものではない。そうやって「ゲーム」の本質を考えていくうちに、ホイジンガは「待てよ」と思ったようだ。国会議事堂で行われている「会議」は、あれは「ゲーム」の性質を満たさないか？　科学者が実験して理論を打ち立てて論文を書いて新発見を競う研究は、あれも「ゲーム」ではないか？

ヨハン・ホイジンガ

そうやってホイジンガは、人間の本質は「遊ぶこと」にあり、その遊び（ゲーム）の中から私たちが「文明」と呼ぶものが生まれてきたと、このように考えたのだった。ホイジンガは遊びが遊びらしさを失ったら大変良くないと考えた。良くないことの代表は、「粗野なセンセーションの追求」「巨大な見せ物に対する喜び」などというものである。こういうのが出てくると、「これは遊びだ」という余裕が失われる。こうなってしまうことをホイジンガは「小児病」と呼んだ。1938年という時代背景を考えたら、ここでホイジンガが「小児病」といって批判したかったのが何であるかは明らかだ。それはナチスに代表されるファシズムである。もちろん、日本も他人事《ひとごと》ではない。あのころは「小児病」に陥っていたのだ。

しかし、ホイジンガは、日本人には「遊び」の感覚がわかるはずだと言っている。つまり日本語では、高貴な人のやることは何でも遊びであった。「あなたは東京に着く」を優雅にていねいに言うと、「東京にお着きあそばす」になる。「あなたの父上がお亡くなりあそばしたとお聞きしまして……」と言うからには死ぬことさえも遊びである。ホイジンガは、「日本人の生活理想の中では、異常なまでの厳粛さ、まじめさというものが、森羅万象はただ遊びにすぎざるなり、という虚構の思想の奥に隠されている」と書いている（高橋英夫訳、1973『ホモ・ルーデンス』中公文庫）。私たちはこの感覚を忘れてしまったのだろうか？そうではあるまい。私たちが「マジメ」と言うとき、「面白くない」、「無味乾燥」というよろしくないイメージを重ねていることを考えると、日本人にはいまでも「遊び」を重んじる気風が残っているのだと思う。

## カイヨワ

「遊びとは何か」をもっと踏み込んで考えたのが、フランスのロジェ・カイヨワである。カイヨワは「遊び」が閉じた空間の中で、一定のルールに従って、自発的に行われると考えた点でホイジンガの思想を受け継いだ。ただ、ホイジンガが歴史を重視したのに対して、カイヨワは夢や神話と遊びの近さに着目していた。それで、人間は遊びによって一種の超現実世界を作るのだと考えた。

1958年の著作の中でカイヨワは遊びを四種類に分類している。それは「アゴーン（競争）」「アレア（偶然）」「ミミクリ（ものまね）」「イリンクス（めまいのような感覚）」の四つである。しかもこの四つに対して、人間は二種類の異なった態度でのぞむという。その一つは、無邪気な自発的な態度とでも言うべきもので、これを「パイディア」という。もう一つは、遊びを面白くするためにわざわざハードルをもうけて、「これを乗り越えよう」と思う態度で、それを「ルドゥス」という（多田道太郎・塚崎幹夫訳、1990『遊びと人間』講談社学術文庫）。

「なるほど」と思えるような考え方ではないだろうか。

夜中のテニス観戦の話を思い出そう（第3章の冒頭）。

私（遠藤）はまず、テニスの試合のラリーを見て楽しんでいた。選手たちはテニスボールの打ち返し合いをしていた。ボールにラケットが届かず、どちらかのコート内にボールがタッチしてアウトするまで、打球をやりとりし合う。これは「アゴーン（競争）」である。

ロジェ・カイヨワ

一つのボールをやりとりする二人。テニスコートにはネットがあり、しばしばボールがネットに触れて、予測不能な軌道に打ち返される。あるいはラリーの最中、お互いがお互いの裏をかき、出し抜くような奇抜な変化球を返そうと必死になる。ただ直線的にボールが往復するのではなく、時折思いもよらぬ動きをして、選手の動きを狂わせる。だからこそ、見ていて楽しかったのである。これは「アレア（偶然）」。

選手たちの動きに見慣れてくると、なんとなく選手の性格のようなものがわかったような気がしてくる。こういった打球に対して、彼はいつもこんなふうに返すんだろうな……ほら、オレの言った通りだろっ！　という具合に、観客ですら気づいていてしまえるようなクセみたいなものを私は感じる。自分自身が選手に「なりきる」わけである。その面白さは「ミミクリ

（ものまね）」。

そして、そんなエキサイティングな試合に酔いしれる瞬間が訪れる。選手たちはもちろん、ハイになっていただろう。ただテレビ画面を通して、二人の選手がボールを打ち返し合っているだけの光景を眺めているだけでも心は躍り、体が動いてしまう。まさに、次々と予測不能な動きをするジェットコースターに休む間もなく乗せられているような感覚。その瞬間、目撃したことが体感、体験に直結するような体中から湧き出る興奮と歓喜。これは「イリンクス（めまいのような感覚）」そのものではないだろうか。

こんなように、カイヨワの示した枠組みを参考にすると、私たちが「楽しい」と思うものを整理できる。「やみつき」の正体が見えてくるようで、なかなか興味深い。ところで、カイヨワの思想の面白いところは、四種類の遊びとか、二種類の態度とかいったことの起源を人間以外の動物の行動に求めたところである。たとえば、ミミクリのルーツは昆虫の擬態ではないか？　アリは、ある種のガの幼虫が分泌し、神経を酔わせる作用のある液体を好んでなめるが、それがイリンクスの起源ではないか？　オマキザルは延々とモノを壊して遊ぶが、それはパイディアの源泉ではないのか？　こんな考察である。残念ながらカイヨワの生物学はサイエンスとして評価されているとは言えない。「私たちから見てそう見える」というこ

ムシの擬態　出典：矢島稔、松本零士『昆虫おもしろブック』（光文社、2004）

とと、「本当にそうである」ということは違う。カイヨワのような考えだとそこの区別がつかない。だから「自然科学」ではない。しかし、文科系も理科系もつき抜けたカイヨワの発想は面白い。カイヨワはその後「やみつき」になったかのように文明論、芸術論、社会論などを縦横に展開した。

## 遊びましょう♪

私（廣中）は小学生のころマンガばかり描いていた。ノートに字が書いてあるのは最初の数ページだけ。あとはマンガ。教科書にもマンガ。ページの端っこにマンガを描いて、パラパラめくるとアニメのように動く。それが面白くてありとあらゆる教科書や参考書にマンガを描いた。

あまりのことに担任の先生は、やなせたかしさんの『まんが学校』（立川談志共著、19

66、三一書房）という本をくれた。昔の学校はおおらかで良かったな。だから私は小学生にしてナチスに虐殺されたプラウエン（エーリッヒ・オーザーのペンネーム）やアンドレ・フランソワ、オットー・ソグロー、ソール・スタインベルグなどを知る子になったのだが、それはそれとして、この本の冒頭に「ウマの逆立ちが描けるか？」という課題が出てくる。

ウマは生物学的に逆立ちはしない。したがってウマの逆立ちをそれらしく描くには、確かなデッサン力と想像力が両方とも必要だ。その技術や想像力を磨くには、この本によると、法律に違反しない限り、およそありとあらゆることをやれという。だから私はその教え通りに、ありとあらゆることをやっている。科学者のマネをしたり、大学教員のマネをしたり。これはみな、マンガ家になるための修業である。そしてときどきウマの逆立ちに挑戦してみて、「まだダメだな」と思う。

私にとって「やみつき」はどこか遠くに本当の目標を置き、いつまでもそれに憧れている状態だ。その憧れに向かってやっていることは、どこか「マジメ」ではない。どこか浮いており、遊んでいる。何しろ当面やっていることは本当の目標ではないのだから、いつも遊びの感覚がつきまとう。

その感覚が「やみつき」に必要ではないかと思う。自分のやっていることが遊びだと思えるということは、その行動を自分でコントロールできている証拠だ。なぜなら、その時空を離れたら、私はその「遊び」の世界から脱出するからだ。しかも自らの意思で出たり入ったりできる。映画『マトリックス』では、現実の世界とバーチャルな世界を人類に混同させるアイデアが斬新だったが、主人公のネオだけは現実とバーチャルを自らの意思で行き来できるまでに成長した。「ここからは遊び」とわかっていれば混乱は起こらない。しかも、ホイジンガが考えたように、本気で「遊び」をやっているから、行き来もできるし面白くもなる。

そもそも人間は遊ぶ能力を持って生まれてくる。人間の幼児は、自分ではないものを演じることができる。発達心理学者のピアジェが著書の中でこんなエピソードを紹介している。ピアジェは、自分の娘のルシアンヌが4歳3ヶ月のとき、ベルの音が鳴るのを真似《まね》ながらじっと立っていたので、物真似をやめさせようと思ってルシアンヌの口に手を当てた。そうするとルシアンヌは「ダメ、わたしは教会なんだから」と言ったそうだ(バターワース&ハリス、村井・小山・神土・松下訳、1997『発達心理学の基本を学ぶ──人間発達の生物学的・文化的基盤』ミネルヴァ書房)。つまりルシアンヌは教会を演じていたのだ。しかも真剣に。同時に、「これは演技だ」ということもルシアンヌにはわかっていた。つまりいつかは「教会のマネ」は終わる。いまのルールのもとで「教会」になっているだけである。もしも、ルシアンヌぐらいの年ごろの幼児が「ままごと遊び」をしているところに通りかかったら、その脳の発達ぶりにおおいに驚いていただきたい。自分でありながら自分でない、仮想的な「おとうさん」や「おかあさん」を演じ、砂の塊や泥をこねたものを「ごはん」や「おかず」に見立てることができるとは、たいした脳の力なのだ。

これまでの発達心理学は、こういうほほえましい「脳の暴走」を発達の途中で通過するひとつのステップのようなものだと考えてきた。ピアジェ自身、こういう遊びはだんだん下火になり、子供は現実の制約を受け容れ始め、現実を正確に模倣するようになると書いている。6歳ぐらいになると、もはやままごと遊びは面白くなく、「あなたは赤ちゃんの役をやって」と頼まれても「イヤだ」ということになる。それが普通の精神発達だと思われてきたわけである。

もちろん、本書の著者である私たちはオトナになることの価値は十分認める。だが、どこかに4歳のままの自分がいてもいいのではないかと思う。豊かな遊びの力を忘れて、つまらんオトナになってどうするのだ？　「やみつき」の効用のひとつは、何で面白いのか理由の説明もつかないことに、文字通り無我夢中で没頭させてくれることにあった。それが、隠れた自分を発見したり、自分に自信を持ったりするための助けになった。そのうえで、あえてもうひとつ付け加えよう。「やみつき」は、私たちを想像力にあふれていた子供の時分に戻してくれる。それが「遊び心」というものである。

# 第6章　人の輪の中で

コーヒーブレーク

E：ところで、『モンスターハンター』って知ってますか?

H：知らん。

E：聞いたこともない？　いま巷《ちまた》をかなりにぎわせてるんですけど。

H：……。

E：先生。実は、ゲームのこと知らないんじゃ?……。

H：何ちゅう失礼な！　オレはいまをときめくゲーム機器メーカーが単なる花札屋さんだったころから遊んでるのよ。それに、コンピュータを勉強するにはゲームを作るのが一番だってことで、その昔TK-85っていうワンボードマイコンやアップルⅡでいろんなモノを作りましたから。いまキミたちがRPGって言ってるやつだって、「ダンジョンゲーム」っていって昔からあったんだからね。『ハイパーカードでゲームを作ろう』が僕が最初に読んだマッキントッシュの本。

E：当時と一つ大きく違うところがありますよ。

H：何？

E：僕は「ファミ通コネクト！オン」っていう雑誌で『モンスターハンター』の記事を書いてるんですが、このゲームはプレイヤーがハンター（狩人）になって、思い思いの武器を扱い、巨大なモンスターを狩るんです。それを、最大4人のプレイヤーが同時に「共有」できるんです。

H：「共有」ってどういうこと？

E：他のプレイヤーの行動が自分の視点で見えるってことですよ。つまり、同じ時間、同じ場所で、一緒にモンスターを狩るんです。協力してね。そこには個性が出てくるんです。仲間を見捨ててでもターゲットの捕獲に専念するハンターもいるし、傷を負った仲間がいたら、すぐに手を差し伸べるハンターもいます。仲間たちが必死で狩っているあいだ、まったく別の場所で釣りをしているハンターだっていてもいい。それが他のプレイヤーにわかるんです。このゲームはまるで人生の縮図のようなんですよ。

H：キミがやみつきなのはわかりましたけどさ、この章で何を言うのよ？

E：さっき考えたのは、一人の人間にとってのやみつきの効用でした。でも、それだけじゃないはずです。ここでは人と人を結びつける「やみつき」の力について考えたいと思います。

H：ちょっと待って、オンラインゲームってけっこう「ネット依存」の問題もあるんだよな。

E：もちろんその問題も考えますよ。

## 一人で生きているわけではない

他人と自分を比べることには意味がない、自分の値打ちは他の誰とも比べられない。とくに「やみつきになっていることの価値」は「自分だけのもの」だ。

それはその通りだが、他人がいてくれるから力が出せることもある。自分のためだったらそこそこの力しか出ないが、他の人のためには一生懸命になれる。これは「比べる」のとは違う。比べるときには一人一人だが、ここでは他の人と一緒に何かをやるのだ。そのとき「やみつき」の力は、「わたし」一人の範囲を超えて広がっていく。

「やみつき」は「生きるための力」のようなものだ。いまさらだが、何のために生まれてきたのかと問われれば、まずは「生きる」ため、と言えるはず。「人類を絶やさぬため」とか「幸せになる」とか「お金持ちになる」とかいうような「生き方」は、「生きる」ことを飾るように、その背後に並んでいる。

では人にとって「生きる」とはどういったことだろう。とりあえず、食べて寝ていれば命はつなげる。だが、私たちが人間である以上、やはり人と人のつながり、「人間関係」を抜きにして、「生きる」ことの意味を説明できる言葉はないのではないだろうか。

　人と人との関係には予測のつかないことがある。予測不可能なものはストレスになると説明したが、予測できないからこそ課題が生まれ、無類の面白さに展開することもある。あっというまに過ぎていく時間。集中してひらめきが起こるとき。熱中して胸が熱くなる瞬間。それは、科学の話をしていても、法律の話をしていても、スポーツで汗をかいていても、友だちと飲んでいても、ゲームで遊んでいても、マンガを読んでいても、等しく私たちの中に起こる。この面白さは、相手がいるからこそ起こることだ。

　それに、人と人の間で起こる出来事に「やみつき」になればなるほど、自分がわかってくる。二人でテニスをしている場面を考えると、相手は鏡にうつった自分だ。「ああ、あのやり方では良くない」と思うと、自分もやり方を変える。自分がわかればわかるほど、今度は相手のことも深くわかるようになる。「あそこで苦労しただろうな」とか、「いまは嬉しかっただろうな」というようなことが生き生きと想像できるわけである。これは、他人と比べて自分のほうが劣っているとかすぐれているとかいう「評価」をしようというわけではない。自分について考えようとするとき、「自分一人の世界」だけを考えていたら決して答えのようなものにはたどり着かないということだ。

この章では「わたし」一人の世界を超えた「やみつき」の意味について考えたい。

## コミュニケーション

今も昔も、人と人は顔をつきあわせて話をする。あるいは、楽器でもスポーツでも、ともかく知識や技能をじかに伝授しあう。人と人はつながっている。

１９６０年代にアメリカで行われた有名な研究がある。アメリカの中西部に住む人と、東海岸に住んでいるまったく見ず知らずの人とをつなぐには、中継する人が何人必要かという実験だ。到達目標になる人の特徴を書いて渡し、あなたの知り合いの中でこの人を最も知っていそうな方に連絡をお願いしますと頼む。その結果が図19（Travers & Milgram, 1969）で、答えは「6人」（最頻値）。なかなかスゴイ。いまこれを書いている「わたし」と、いまこれを読んでいる「あなた」、知り合いの知り合いをたどっていけば7回目にはほぼ確実に「つながる」ことができる。

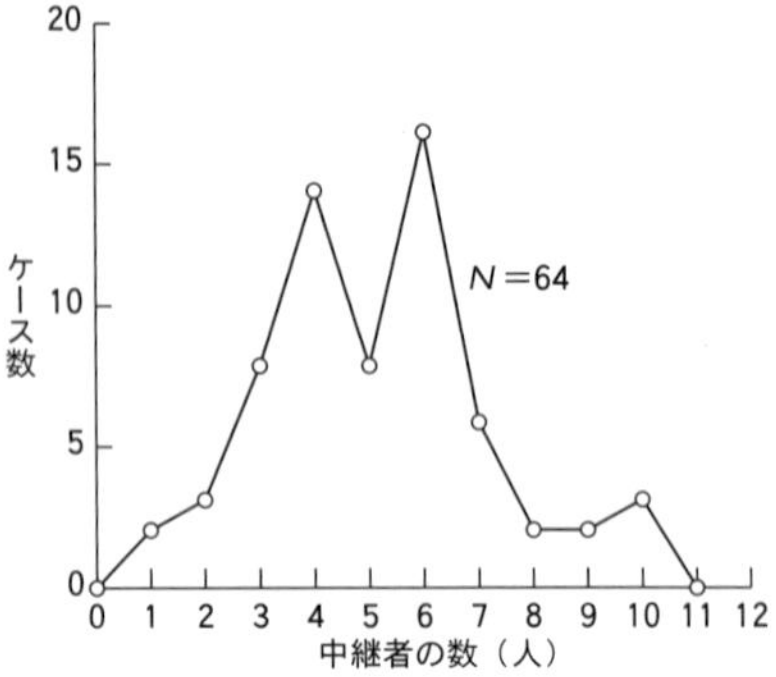


図19　発信者―受信者間に要した中継者数

この「つながり」を保証するのがコミュニケーションだ。コミュニケーションは情報のリレー役である。だが、私たちがさまざまなコミュニケーション手段を持っていて、いろいろな人とのつながりを保っていることを考えると、コミュニケーション自体に「快」や「喜び」があると言えそうだ。

コミュニケーションに「やみつき」になることは、昔はごく普通に見られた。筆者の一人は農村で育ったが、自分の親を含めて、その村のおばさんたちは何かとなく誰かの家に集まり、豆の皮をむいたり、切り干し大根を作ったりしながら午後をだべって過ごし、一緒に買い物に行ったり、買ったものを分けあったりしていた。

誰かと何かが「つながる」ことは嬉しい。話をしているときにうなずくとか、話者のほうを見るとかといったことで話が促進されるという実験もある。うなずき加減によって話の方向を誘導することもできる。

しかし、なぜ「つながる」と嬉しいのか、あらためて考えてみると不思議だ。そこで一つ仮説というか、想像を示しておく。つながろうとするところには必ず壁が立ちはだかっている。この壁をブチやぶるのが快感なのではないだろうか？

外国語圏のような異文化とのコミュニケーションがその典型的な例だ。相手が何を言っているかわからないと不安になる。それを何とかわかりたいと思う。相手の言葉の中に少しでも聞き覚えた単語があると嬉しい。こちらが話してみたことがわかってもらえると、これもまた嬉しい。

いま日本には「パンゲア」というNPO法人がある。子供たちの異文化コミュニケーションを促進する役目を果たしていて、そのためのさまざまなメディアやコンテンツを開発している。「パンゲア」とは遠い昔、地球の大陸がただ一つだったころの名前だ。このNPO法人は9・11のテロをきっかけに生まれた。自分たちとフィーリングや考えの違う人たちを「怖い」「悪い」と排除してはいけない。パンゲアでは言葉の壁を越えるための絵文字の国際化や、文化の壁を越えるための子供たち自身による創作活動、IT環境の壁を越えるための「ファシリテータ」(指導者のような人)育成な

Webカメラを使った異文化コミュニケーションを楽しむ子供たち　ⓒ特定非営利活動法人パンゲア

どに取り組んでいる（森、2006）。子供たちの屈託のない笑顔がコミュニケーションの喜びを物語っている。

　パンゲアがＩＴ（情報技術。このごろではコミュニケーションを入れてＩＣＴという）を最大限活用しようとしているように、いまではケータイがあるから、どこにいたって誰かと話をすることができる。メールという手段もある。インターネットのほうに目を向けてみると、これまた数々のコミュニケーション手段が用意されてきたことに驚く。チャット、掲示板（ＢＢＳ）、ブログ（Ｗｅｂ日記）、ソーシャルネットワーキングサービス（ＳＮＳ）、ツイッターなど、その手段の進歩には目を見張るばかりだ。もちろん、身の回りを飛び交う情報が増えれば増えるほど、また、情報の海の中を自在に泳いでいる人が増えたと思えば思うほど、逆に自分の孤独が深まるということも考えられる。海の上を漂流するのと似ているかもしれない。まわりは液体ばかりなのに渇きを癒やす一滴の水もない。

　また、こういうコミュニケーションは、機械の向こう側にいるのが誰だか見えないから、ときに意図しないメッセージが伝わったり、逆に、意図したメッセージが伝わらなかったりして、自分が傷ついたり、人を傷つけたりすることもある。バーチャルな世界での自分はリアルな世界での自分とは違う。あけすけにリアルな自分を出すことは危険である。あまりにも急速な進歩に私たちのアタマがついていっていないのかもしれない。「ググる」ことのデメリットは前に述べた通りだ。

そういう問題もわきまえたうえで言うのだが、こういうテクノロジーはあくまで「手段」。交通事故が起こるから道路の存在がケシカランという理屈が成り立たないのと同様、うまく利用していけばさまざまな方法で、さまざまなカタチで、人と人が接することができるのが現代だ。アンテナはどこにでも立てることができる。私たちが他人と一緒に何かの「やみつき」になる機会は、昔に比べると飛躍的に増えた。

誰かと「つながる」ことができるという確信みたいなもの。にもかかわらず、現実には私とその「誰か」との間に立ちはだかる壁。これを突破したときの嬉しさは他の何にも替え難く、それこそ「やみつき」を生む源泉の一つでもあるだろう。

ここでひとつ落し話を。前で書いたように（162ページ）、1960年代のアメリカでは中西部から東部まで6人の媒介者でつながった。ICT環境の整った現代ではどうなのだろうか？

実際にそれを調べた人がいる。13ヶ国、6万人のメールユーザに参加してもらい、その人々をアイビーリーグ大学の教授、エストニアの公文書検査官、インドのテクノロジーコンサルタント、オーストラリアの警察官など13ヶ国18人の「ターゲット」に「つなげて」もらった。世界の誰かと任意の誰かが「つながる」ためには、はたして何人の中継者が必要だったろうか？　いろいろと技術的な問題があってたくさんの留保がついているのだが、ざっくり言うと答えは「7人」(Dodds et al, 2003)。アメリカの右半分が全世界に広がったのが今日の地球なのだろうか？

## 「リアル」の共有

居場所が離れていても、同じ時間に同じことができるようになった。インターネットが普及するまでは、誰かと会うというのは全部、今で言う「オフ会」だったのだ。昔は、より多くの人と出会い、好きなことについて語らい、親睦を深めるためには、外で会うしか手段がなかったわけだ。ところがいまは、インターネットを介して会うことが可能になった。厳密には、「時間を共有」することが可能になったと言うことができる。

少し前のことになるが、私は夜中にサッカーを観戦した。南アフリカで行われたサッカーワールドカップ。日本代表チームはベスト8進出と、日本サッカー界の歴史に名を刻む大躍進を遂げた。少しくらいの寝不足がなんだ、この試合を見なければ一生後悔する！　とまで

2010年W杯初戦の対カメルーン戦で決勝ゴールを決める本田圭佑
写真：AP／アフロ

思わせるサムライブルーの成長から、一瞬たりとも目が離せなかった。

　そう、あれは大躍進を決定づけた対デンマーク戦。夜中というよりは明け方の試合だったこともあり、翌日は不眠不休で出社する方も多かったことだろう。私はこの試合を、Ｘｂｏｘ３６０というゲーム機を使って、８人くらいの仲間とボイスチャットをしながら観戦した。日本の北から西まで、各地に点在する友だちと、真夜中から明け方にかけて、まるでスポーツバーでお酒でも飲みながら観戦しているかのように、試合の経過に一喜一憂したり、日本のゴールに熱狂したりして一夜を過ごした。面白かったのは、日の出のタイミングが異なっていたことだ。当然ながら、東のほうが先に明るくなる。「こっちはもう陽が出てきたー」「えー⁉︎　こっちはまだ真っ暗闇！　ほら見て！」なんて言いながら、外が真っ暗な証拠を写メして、リアルタイムで友だちと確認し合ったりもした。実は、地上波放送とアナログ放送でほんの少しだけ、放送される試合内容にも時差があり、ゴールの瞬間が微妙にズレたりするのも印象的だった。特段、ゲーム機を使わなくても、パソコンからＳｋｙｐｅでもよかったわけだが、普段、一緒にゲームで遊んでいる仲間といつもと違ったサッカー観戦で盛り上がるというのも、特別な感触があって楽しかった。

２０１１年７月の女子サッカーワールドカップでの、なでしこジャパンの活躍のときもそうだった。あれも明け方。あのときはツイッターでいくつもの「つぶやき」が流れた。私も「うお」「ああ〜〜」「やった」と、いまから思い出すと意味不明のことを何度もつぶやいた。

偶然、同じ時間に同じ作品を見ているというようなことは、テレビやラジオがあるので、それなりに起こっているだろう。だが、同じ作品を同じ時間に視聴しながら、視聴者同士で語り合ったりすることは、これまでの技術ではなかなかできなかった。まして、一緒に住んでいなくても声やテキストを使って、あるいはテレビ電話のような機能も使えば、ほとんどそばにいるのと変わらないくらいの感触で何かを楽しむことができる。いまの時代にしか実現できない楽しみ方である。そしてそれが、いまの遊びや楽しみのスタンダードになりつつある。

さきほどゲーム仲間の話が出たが、インターネットを使った楽しみ方ができるようになったことで、まるで外遊びのように、一緒に鬼ごっこをしたり、メンコをしたりするような感覚をゲームの中で体験できるようになった。あのころを思い返すとよくわかるのだが、遊びの種類は極端な話、何でもよかった。友だちと同じ時間に、同じことに没頭する時間がとにかく最高だった。毎日「缶けり」、毎日「ドロけい」、毎日「三角ベース」なんてことも少なくなかった。誤解を恐れずに書くと、インターネットを介したゲームの時間の共有もまったく同じである。新しいゲームソフトで遊ぶ必要はなく、大勢の友だちが集まることができて、みんなで楽しめるタイトルが一つあれば、それで大いに満足だったりする。

要するに、よくできた、面白い遊び道具があるからみんなで「やみつき」になるわけではない。誰かと時間や経験を「共有」すること自体がすでに、面白さや楽しさを含んでいるのだ。

## ネット依存

「やみつき」はしかしながら、一歩間違えば依存症という、危ないがけっぷちを歩いている。

そのことに対する危機感や警戒感を持っておくことは大事である。外遊びのような感覚をゲームの中で味わえるようになったということは、そこにおぼれて抜け出せなくなる危うさも生まれてきたということだ。とりわけ、プレイヤーが自分一人ならば、「今日はこれくらいでやめよう」ということも簡単だが、ネットに接続された世界には相手がいて、世界のあちこちから「もっとやろう」という誘いが届く。そうなると、ほどほどのところで切り上げるのは難しくなる。より強固なチームができあがっているのならなおさらだ。

こうして、ゲームだけでなくネットを通じたコミュニケーションや人間関係が、「インターネット依存」という言葉として、精神医学の正式な病名になる日も近いのではないかと考えられるようになったわけである。とくに韓国や日本では「ネットカフェ」がはやっている。自分の家にいるのなら日常生活のリズムを感じることもできるが、ネットカフェではそうはいかない。いったいどれほどの時間が経ったのか、今日は何日何曜日なのか、そういった現実感が失われてくる。2002年、韓国で3日以上もネットカフェでゲームをやり続けた青年が心臓発作を起こして亡くなるという事件が起こった。こういう事件をきっかけにして「ネット依存」の問題が重視されるようになったのである。

ところで、「ネット依存」などというと、いかにもこれまでになかった新しい病気がIC

Tの発展と共に生まれてきたように感じられるが、実際はそうではない。「ネット依存」の症例を検討してみると、ネット環境があってもなくても何かの心の問題が生まれていただろうと思われるケースが多い。学校に行っていない、仕事もしていない、トモダチはいない、昼夜が逆転している、自分に自信がない、自分の心の「居場所」がない……。こんなように、もともと寂しさがあったところに、ネットの居心地のよさや面白さが心の隙間を埋める詰め物のように入り込んでくる。これが「ネット依存」と言われるものの正体である。つまり、韓国のケースを考えると、ネットワークゲーム（ネトゲ）の面白さが直接的に依存を起こしたのではなく、それに頼らざるを得ないような生活があった。そこにネットが加わって生死に関わる事件にまで発展してしまったと考えられる。

だから、ここでも「楽しいかどうか」「遊び心があるか」が一つの決め手である。ネトゲがなくても他のことに楽しみを見いだせる人がネトゲにハマるのはかまわない。現実の世界で友だちと交流して、さらにネットでも友だちを作るならば、どちら側にもいつでも行き来できるし、そうしたいと思える状況なら安心なのだ。しかし、ネットにしか本当の自分が存在せず、現実の世界には何も楽しいことがないからネトゲに入れ込む、というのが危ない。

ＩＣＴが発展し、便利さばかりが取りざたされ、それがまた時代のムーブメントであるような風潮でイケイケな展開を見せている。だが、ちょっとうがった見方で人の心の問題を中心に考え直してみると、現代のコミュニケーションは、複雑化の一途をたどっていて、心は捉えにくく、意思は伝わりにくく、把握しにくいものになってしまっていることがよくわかる。ツイッターではツイッターの流儀で、ミクシィではミクシィの暗黙の了解のもとで、手紙では定型をかたくなに守り、そうやって、ツールの数だけ自分の対応パターンを準備しなければならない。そこに相手ごとの対応の違いも加わると、パターンの数は十や二十では足りない。心は便利さでは癒やされない。手段やツールを増やせば増やすほど、かえって自分の思いがどこにも伝わらない寂しさは倍増していくかもしれないのだ。

もっとも、誰の心にも少しは寂しさがひそんでいるものだから、ときに自分の心が「危ない」ほうに揺れるのは無理のないことかもしれない。常に明るく正しく生きることなどできないものだ。そんなときはどうするか？　専門のカウンセラーが使う手を利用するといいかもしれない。

専門のカウンセラーはまず、ネトゲにハマっていることの「良い点」を率直に認める。「ネット依存者」の多くは、ネットの中にバーチャルな自分を作っている。その自分は理想の自分で、理解力、判断力、統率力にすぐれ、「こんな人になりたい」という願望を表したものなのである。そこで、まずその「理想の自分」がどんな人間なのかを考える。それから、ネットの中にいる自分がだんだんリアルな世界にも現れてくるようにする。実は、ネット依存にならず、健康的にネットと共に生活できている人は、これが自然にできている。ネットの中の自分も含めて、すべてが自分自身になるからだ。

ネット依存から現実の世界に帰還するには、まずネットの中に住んでいる理想の自分の行動を一つずつ書き出す。そして、それに近いことが現実の世界でできたら、自分を十分ほめる。ネットの中だけでなくても、現実にも同じことができるじゃないか。そう実感できれば、だんだん自分が空間的・時間的に限定された存在ではなくなっていく。それを「自分を取り戻す」と考えることもできるが、それではネットに費やしてきた時間が無駄だったのかと思ってしまうからよくない。むしろ、ネット依存があったからこそ、現実の自分も一緒にパワーアップできたんだ、と考えるようにする。繰り返しになるが、理想像を持つのは良いことで、そのうえで、少しずつリアルな世界でのコミュニケーション力を作っていけばいいのだ。

## コトバ以外のコミュニケーション

私たちは多種多様なコミュニケーション手段を持っている。それはツールが増えたという話ではなく、言葉のやりとりだけがコミュニケーションではない、ということだ。

たとえば格闘技のぶつかり合いや、小説や物語の中に登場するライバル同士のケンカなどの場面で、「拳《こぶし》で語り合う」なんて表現をすることがある。この表現には、どこか男臭さと同時に、口で語り合う以上の何かがやりとりされているニュアンスがある。言葉のやりとりを超えた、もっと高い次元の「コミュニケーション」のように感じられる。

拳だけが言葉の代わりになるかといえば、決してそうではない。「目は口ほどに物を言い」という言葉があるように、目を見るだけで意思が伝わることもある。囲碁・将棋の世界では、黙々と盤面に手を加えていくが、その一手一手が言葉のキャッチボールのようにやりとりされ、互いの次の一手に影響を与える。野球のピッチャーとバッターは、一球の行方《ゆくえ》をかけて真剣勝負を展開する。敵といえども、どこか高い次元で心が通じていなければできない勝負だ。

「人とつながりたい気持ち」は、言葉でだけで互いに伝わるとはかぎらない。むしろ言葉を使わない暗黙のコミュニケーションにこそ「心のやりとり」があるように思える。

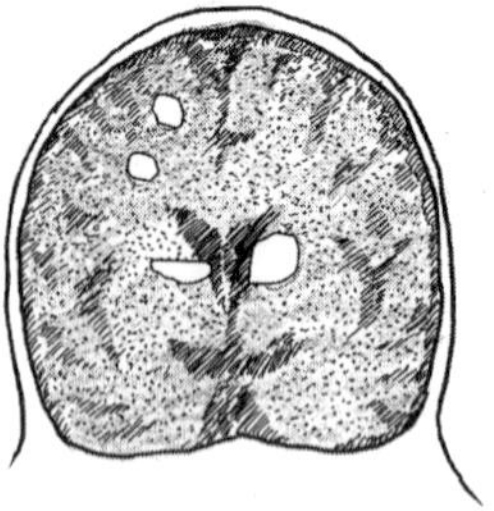

図20　図の中で白く抜けているところがオノマトペに反応したところである（Osaka & Osaka, 2005）

「7‐38‐55のルール」というのがある。たとえば、イヤそうな顔をして、「キミのことを愛してるよ」と言った場合に、嫌悪と愛情のどっちが相手に伝わるだろうか？ 7%‐38%‐55%はこういう実験の結果を分析して見つかった「ルール」だ。私の態度をあなたに伝えるとき、言葉の内容の重みはわずか7%に過ぎない。声の調子が38%、そして顔の表情が55%だ（Mehrabian & Wiener, 1967）。言葉以外のチャネルがいかに大事かということだ。

言葉以外の情報チャネルは私たちの情動に直接はたらきかける。「ニコニコ」「クスクス」「ゲハゲハ」といったような、「笑い声」を連想させるオノマトペを見せると、脳の中で快感や喜びに関係する場所の活動が高まるそうだ（図20、Osaka & Osaka, 2005）。喜びや楽しさがじかに相手に伝わり、親密の度合いが高まるのだろう。

ところで、コミュニケーションというと暗黙のうちに一対一の関係を思い浮かべるが、私はコミュニケーションの意味をもっと広く考えてもいいと思っている。たとえば、マンガや小説を読んでいて、またはゲームをしていて、誰かと会話している気分になることがある。これは作り手と受け手の「コミュニケーション」だ。こういうのも実に中身の詰まったコミュニケーションのように思える。

人が作ったモノには人の意思が宿る。それを目にしたり、使ったりすること自体が、すでに「コミュニケーション」の一環ではないだろうか。そうなると、極端な話、日常生活のほとんどの物事が何かしら「コミュニケーション」のパーツを担っていると考えられるわけだ。たとえば、お米を食べると農家の方との「コミュニケーション」が、建物に入ると建築家の方との「コミュニケーション」が、言葉を使わずとも行われている。

「やみつき」は「繰り返し」で、日常生活のあれこれの繰り返しに「やみつき」が宿っている。そうすると私たちが日々繰り返しているさまざまな行動には、その背景に必ず誰かとのつながり、つまり「コミュニケーション」がある。食事をすれば、食材の生産者、運搬業者、小売り業者、調理人、一緒に食べる人々などなど、たくさんの人とのコミュニケーションを楽しむことになるわけである。

## みんなで

### 共感の促進

一人で黙々と、たとえば模型作りなんかに「やみつき」になるのも楽しいが、そこに仲間がいて、お互いに情報を交換したり、ときにはライバル意識を持ったりして模型作りにいそしむと、一人でやるときよりははるかにレベルの高いものができる。

これはどうしてかと考えると、「やみつき」になるとコミュニケーションが進み、コミュニケーションが進むと「やみつき」も進み、そこでお互いの「共感に基づいた理解」が進むからである。

「共感」というのは、わかりやすい言葉のようでいて、実はわかりにくい。「同情」とよく似ている。共感と同情の違いがわかっているかどうかは、心理学ではもう、長調と短調の違いがわかるかどうかと同じぐらい、基本的なことである。ここでちょっと説明しておこう。

たとえば、財布を落として途方にくれている人がいたとする。ここで、「お気の毒に」と思うのが同情。つまり、同情はあくまでも「わたし」に発生する気持ちである。これに対して、「共感」は、まず「あなたはとても困っているんですね」というふうに、あなたから私に伝わってくる気持ちを感じることである。そのうえで、「こういう場合はどうしたらいいんでしょう」というふうに、あなたと私にプラスアルファが加わって、解決の道を一緒に歩く。同情は自己中心的なものでもあり、「一緒に」の感覚は芽生えない。

共感が起こるためには、ある程度の精神的な発達が必要である。私が君をなぐったら、君は痛いということがわからなければいけない。ホフマンという心理学者は、2歳ぐらいの子にはこれはまだ無理だという（マーチン・L・ホフマン、菊池・二宮訳、2001『共感と道徳性の発達心理学』川島書店）。なぜかというと、小さい子は「自分」と「他人」の区別がついていないからだ。そう、不思議なことだが、共感が起こる前提は、私とあなたは違う人だという認識なのだ。そうすると、違う人同士がどうやってわかりあえるかという話になるわけだが、その根拠は私たちの脳にあるらしい。

これはもともとサルで見つかったことなのだが、自分で腕を伸ばして食べ物を取ろうとするときと、他の人が腕を伸ばして食べ物を取ろうとするときで、同じニューロン（神経細胞）が活動する。「他人の動作は自分の動作」と捉えているようなので、このニューロンのことを「ミラーニューロン（鏡のような神経）」と呼んでいる。しかしこのミラーニューロ

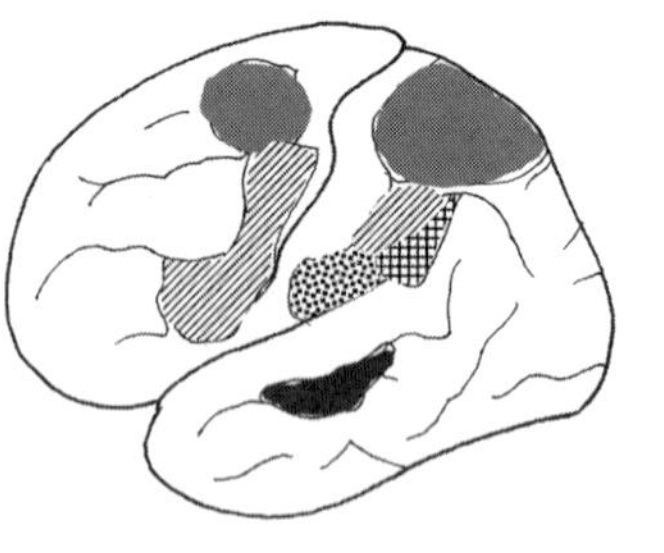

図21　ミラーニューロンシステム

ンは単なる鏡ではない。他の人が腕を伸ばして食べ物を取ろうとする動作を途中までしか見せなくても、このニューロンは活動する。食べ物を取るところは見せない。それでも活動するということは、このニューロンはただの鏡ではなくて、「アイツはレーズンを食べようとしている」という意図を察知していることになる。私たちはこの神経で相手の意図を読むことができる。

人の脳には複雑なミラーニューロンシステムとでもいえるものがある。相手のいろいろな動きに応じて反応する部分もさまざまである。たとえば図21に斜線で示した領域は遠くへ腕が伸びていくとき、薄墨のカゲをつけたところは誰かが何かをつかむとき、点々を入れた領域は道具を使っているとき、十字のアミをかけたところは腕が何となく動いているのを見たとき、濃い灰色はとくに上膊《はく》の動きを見ているときに関係している。ひと口に「相手の動き」と言っても、実にこれだけのいろいろな動きに対応して、脳の広い領域が働いているわけである（Cattaneo & Rizzolatti, 2009）。

こういうシステムがふんだんに備わっていることが、人が共感を得られるということのベースにあるのではないかと考えられる。このごろでは共感にも二種類あるという話になっている。一つは、他人の感じていることが私のほうに流れてきて、その情報を受け止める「情動的共感」、もう一つは、私がその他人の視点を持って、その目で起こっている出来事を解釈するという「認知的共感」。これらはそれぞれ脳の中で関係している場所が微妙に違うという（Hooker et al, 2010）。効率よく他人の意図を読み取り、そこに自分がさりげなくサポートに入ったりすると、全体のパフォーマンスはどんどん進んでいくはずだ。

## 社会的促進

一人ではなかなか食が進まないときでも、みんなで食べれば食べられる。ついつい食べすぎることもある。他人の存在は私たちの行動に勢いをつけるように思われる。食べる話ばかりではない。競輪の選手は一人で走るときよりも他の選手と一緒に走るときのほうがタイムが良い。こういう現象を「社会的促進」という。「やみつき」はまさに社会的促進の力を通して、一人ではできない大きな成果を生むのである。

ところが、いつもそうとは限らない。見られていると落ち着かない。一人のときよりもパフォーマンスが低下してしまうこともある。いったいこの違いはどこから生まれるのだろうか？　一流のプレイヤーだったら、ベテランだったら、ギャラリーがいるほうが「燃える」のか？　実は、これはどちらも起こり得る。ベテランか初心者かどうかの問題ではない。

観客が見つめる中、ショットを放つ石川遼
写真提供：共同通信社

他人の目があると、私たちの脳の興奮状態（覚醒水準という）が高まる。その結果、「そのとき支配的な行動傾向が強められる」。「そのとき支配的」とは、まさにいま私が何かやろうとしているとき、そのときにとっさに出てくるものである。とっさに出てくるのが自信か不安か？　十分練習してあって自信があるならば、他者が存在しているとパフォーマンスは上がる。しかし、不慣れで自信がなく、不安のほうが勝った状態では、他者が存在しているとパフォーマンスは落ちる（Zajonc, 1965)。

他者といっても単なる見物人のときもあれば、協力してくれる人やライバルの場合もあって、さまざまである。だが、基本的に覚醒水準を上昇させるという点では、見物人も協力者も変わらない。なぜ覚醒水準が上がってしまうかということについては、他者からの評価が気になるからだろうという意見が優勢である。その証拠に、見物人が目隠しをしていると、社会的促進は起こらない。私たちはやっぱり他の人からどう思われるかが気になるのだ。

「社会的促進」が起こるのは人間だけではない

ともあれ、他者がいると「やみつき」度合いは進み、一人ではできないような大きなことも達成できる。人間は社会的な動物だから、人間の脳は社会的な出来事に対してとても敏感に作られているのだ。

と言うところでめでたくこの話が終わるはずなのだが、またちょっと落とし話を。「社会的促進」などという言葉を聞くと、いかにも発達して複雑な社会システムを持つ人間精神の産物だなあと思われるかもしれないが、実はこの現象はゴキブリでも起こるのである。というか、もともとゴキブリで発見された。だから、高等な頭脳を持っていなければ社会的促進が起こらないということではない。もちろん、ゴキブリは人間よりも高等だという可能性も留保しておくが。そういう問題ではなく、相手がいると行動が変わるということ、つまり社会性は群れで生活している動物全般にとって大事な性質だということだ。

## みんなでやみつき

人は人とつながりたいものだ。自分のやることを他人に見せて、他人から反応をもらう。その反応しだいで嬉しいときもあれば、落ち込むときもあるが、「つながった」喜びは他の何にも替え難い。しかも、自分と他人とのあいだに共感できることがあれば、2人で、あるいは3人以上で何かやってみませんか、という話にもなる。いつしか、私たち以外の人にも声をかけましょうよという話になり、夢がふくらんでいく。実はこの本もそういう具合にしてできた。

しかし、何と言っても「みんなでやみつき」の典型はスポーツや音楽、ダンス、映画や演劇といったシーンだろう。

具体的にどんなエピソードを思い浮かべるかは、読者の年代によってさまざまだと思う。

私（廣中）の親ぐらいの年代では、エルヴィス・プレスリーやジェリー・リー・ルイスのようなロカビリーの旋風が強い記憶になっていることだろう。ロックンローラーに憧れて自分たちも歌い、踊った日々を懐かしく思い出すに違いない。

私自身は、何と言っても新宿西口のフォークゲリラや、中津川のフォークジャンボリーである。あそこに集えば、自分たちが一人で生きているわけではないということが実感できた。知らない人とも肩を組み、言葉を交わし、仲良くできた。ステージに立つ人もステージの下にいる人も一体になってコミュニケーションし、リアルな「このとき」を共有した。言葉ではうまく言えない気持ちを歌に乗せて語り合った。みんなで一つの場を作り、初めて会った人も自分と同じような悩みをかかえ、世の中への不満を感じて生きているのだということがわかり、「共感が促進」された。いつのまにか叫び、手拍子を打ち、拳を振り上げていた。明らかにその精神状態は普通ではなく、祭りが終わるとあまりの寂しさに涙が止まらなかった。

いまの若者はクールだからこういうことを知らないのか？「ググる」世代はやみつきの共有の醍醐味を知らないかというと、もちろんそんなことはない。そしてそのシーンには、年上の世代には想像もつかないようなＩＣＴの武器というかツールが登場し、利用されている。

たとえば、「ニコニコダンスマスター」という催しを御存じだろうか？

「ニコニコ動画」という動画投稿サイトがある。そこにいろいろな人が自分の踊る姿をアップロードしているのである。見ている人がそこにコメントを返し、見られている人もそれに返信し、さらにパワーアップした踊りをオンラインで披露する。ここですでに時空を超えたコミュニケーションが成り立っているわけだが、事態はもっと先へ進む。

ネットとリアルが融合した「ダンスマスター」。バックにはニコニコ動画のコメントが見える。「CDジャーナル」6月21日号より

一ヶ所に集まって本当に「リアル」なイベントを開こういう話が起こったのである。そうやって開かれたのが「ダンスマスター」だ。今年（２０１１年）6月で2回目だったという。ネットを通じて集まった踊り手は１００名以上、観客はおよそ２０００人。３時間に及ぶ熱い催しが繰り広げられた。踊り手はそれぞれ趣向を凝らした演出で観客を魅了する。この踊り手はプロではなく、動画を公開した人やグルー

プが自発的にエントリーしたものである。観客も総立ちで踊り手と熱狂を共有する。そして、これが現代風のところだが、この模様はニコニコ動画で生中継され、ニコニコ動画というものを御存じの方ならばわかるように、映像を見ている人がリアルタイムで反応を書き込み、それがステージにも投影された。つまり、イベント自体は東京で行われたが、札幌に住んでいる人も那覇に住んでいる人も、コメントを返すことによってリアルタイムにその場に「いた」のである。その数が半端ではない。ネットを通じて「ダンスマスター」を視聴していた人はおよそ10万人、リアルタイムに書き込まれた感想は何と50万件を超えたそうだ。

こうなると、ロカビリーやフォークジャンボリーの時代には実現できなかった何か大きな「集団のやみつき」が技術の力を借りて実現しているのだとしか思えない。もしも政治的に誘導されたら危険でさえある、と私などは感じてしまう。ただ、誘導されないための「集団のやみつき」もあり得るだろう。そちらを信じよう。

こうやって、人々は技術が進歩すればそれなりにそれを利用しながら、根本のところでは人間関係を大切にし、「一人の限界を超えたやみつき」の中でお互いを認めあうやさしい関係が作られていくことだろう。

## 超越的集団心理

### 祝祭とトランス

「やみつき」は「わたし」という個人の限界を超え、人と仲良くする道、人と力を合わせる道を開く。その結果、思いがけない力が発揮される。そこで集団の「やみつき」は熱狂の様相を帯び、その中では「わたし」の意識状態が変容する。

「意識状態の変容」というとものすごいことのようだが、スタートはそんなに大変なことではない。たとえば集団でスポーツを観戦しているとき、ミスジャッジがあったら激しく怒る。感動すると泣く。あるいは、寄席で面白い芸を見ているとき、一人で冷静に見ていたら面白くないが、その場を共有している人がいるとよく笑える。そもそも「場」や「経験」を共有しているとき、「一人で冷静」を思い出してはいけないワケである。感情が出やすくなっているのは明らかに意識状態の変容だ。このようなことは誰でも経験する。

世界の芸能、祝祭というものにはこのような集団意識の変容がよく表れる。伝統ある民族芸能や祝祭が持つ意識変容の効果は、歴史の浅いハイテク利用の催しよりもはるかに強力かもしれない。

たとえば、インドネシアのバリ島には豊かな芸能があり、祝祭がある。そこで使われる楽器は人間の耳では感知できない高周波を出す。この高周波と、宗教的な題材による激しい踊りが合体すると、演者が「トランス状態」になる。突然何かに憑《ひょう》依《い》されたようになって、自分の体に自分で剣を突き刺すが、痛みはなく、血も出ない。トランス状態は観客に伝わることもあるという。

バリ島のケチャ

「トランス状態」にあるとき、脳の中では大きな変化が起こっている。まずリラックスするときと同じように、「アルファ波」という脳波が出る。血液の中ではドーパミンやベータ・エンドルフィンという化学物質が増える。血液で増えたということは脳の中でも増えたと思ってよかろう。こういう状態は、「興奮しつつ、瞑《めい》想《そう》状態にある」とでも言い表せるような、熱気と冷気が両方存在している不思議な状態である（Oohashi et al, 2002）。

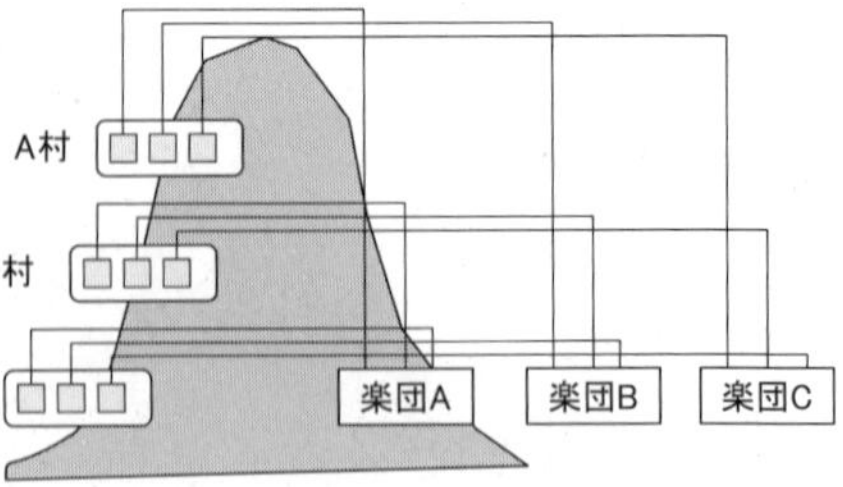


図22　バリ島の芸能集団／国立精神・神経医療研究センター本田学博士の講演資料に基づいて描く

## 芸能の意味

芸能や祝祭はどんなところにもある。土地の人々はそれこそ「やみつき」になってそういう芸能を支えている。単なる遊びごとのように見え、どう見ても生産的ではないそういう活動になぜ「やみつき」になるのだろうか？

再びバリ島を例にとると、それが理解できる。なお、ここからの話は実際に現地で長年にわたって調査研究を続けてこられた国際科学振興財団の大橋力《つとむ》博士と、そのもとに集った研究者たちから学んだことである。

バリ島は東京都のおよそ2倍半の面積の島で、約320万人の人が住んでいる。平地はあまりない。水田を作っているが、山の上のほうまで狭い棚田が並ぶ。この地形だと、何もせずに放っておくと「水争い」が起きるのだ。水は上から下に流れるので、途中の田がたくさんの水を引いたら下まで流れない。この土地で水争いが起こると、どっちが勝っても負けても、大きな損害が出る。人の心にもしこりが残り、悪くすると双方滅亡の道をたどる。

そこで芸能の出番なのである。バリ島の芸能集団は水田を共有する各集落から少しずつメンバーを集め、図22のような形で一つの演奏集団を作る。つまり、水争いを起こしそうな複数の集落からメンバーを集めて、一つのグループにするわけである。このグループのみんなで真剣に練習をし、超常的なトランス状態にまで至るような、ある意味〝麻薬的〟な舞踊をする。「この踊りを成功させよう」と練習を繰り返していると、水争いどころではなくなる。同じ目的のために頑張った者がお互いを滅ぼすような争いをするだろうか？

こうやって、生産集団を横切るような形で芸能集団が作られると、おのおのの生産集団は共存共栄の道を探る。日本の村でも芸能がはやるのは、そういうことなのだろうと思われている。違う集団の人と力を合わせる。自分とは異質の集団のメンバーが持っている美点を讃える。そうすると「あちら側」の苦しみや喜びが「わたしたち」には共感的にわかる。そのために「一つのことにやみつきになる」プロセスが必要なのだ。

## 死を超越する社会性

人間は社会を作る。仲良く力を合わせて大きなことをやる。だが、そもそも私たちには何で社会的な性質があるのだろう？　「あの人と一緒」「自分はこの集団の一員だ」という自覚

いまも建設が続く「サグラダ・ファミリア」

は何のためにあるのだろうか？

ひとつの考え方だが、それは「死」の恐れを克服するためだという（Castano et al, 2006）。私たちはいずれ死ぬ。死ぬということは、そこで自分が終わってしまうということだ。死んだ後には何も残らない。だが、自分が属しているこの社会は自分が死んだ後も続く。そこで、自分がこの社会のメンバーだという自覚を持てば、私という存在がいなくなることへの恐れを軽くすることができる。

もっとも、この考えを拡張すると「自分が死んでも国が残れば」という思想に結びつくから、私はあまり好きではない。だが、そういうふうに狭い視野で考えるのではなく、もっと広く考えて、限りある自分の生涯を越えて生き続ける何か、永遠につながる何かに自分がたずさわっていると思うと、楽しいのではないかと思う。バルセロナのサグラダ・ファミリア教会は、1882年に着工したまま、設計したアントニオ・ガウディが亡くなってもまだ建設が続いている。これこそ究極の「やみつき」の世界。「やみつき」の中に永遠が見えると言えるのではないだろうか。

人は人とつながろうとする。この章ではさまざまな新しい取り組みを見てきた。時代が変わり、技術が変わると、人がやっていることの姿は変わる。しかし、誰かとつながっていたい、その楽しみや喜びを感じたい、そして人と一緒に何かを成し遂げたいという人間の欲求は、驚くほど長い間、変わっていないのではないかと思う。もしかしたら、「つながり」を大事にする「社会的な脳」を発達させたのが人類だったのかもしれない。

コーヒーブレーク

E：先日、息子が通う幼稚園の保護者会に行ってきましてね、幼稚園の先生から、園児たちが「オオカミさん」という遊びにハマっていると聞かされました。

H：「オオカミさん」？

E：園児たちは子ヤギで、先生がオオカミなんです。子ヤギさんの園児たちはオオカミさんの先生を囲んで円を作り、みんなで一斉に「オオカミさん、オオカミさん、いまなにをしていますか？」と尋ねる。

するとオオカミは、「いまズボンをはいたところです」とか「いまシャツを着たところです」とか、質問のたびにつぎつぎと返事をするんです。やがて出かける準備の整ったオオカミは何をしはじめるのかというと……ご想像の通り。子ヤギをつかまえて食べようとするんです。

H：言ってみれば鬼ごっこの一種ね。

E：でも、集団の力はスゴイですよ。四歳の園児たちはまず、自分たちが子ヤギであることがちゃんとわかってます。先生がオオカミであることも承知してる。子ヤギのうち、誰かがオオカミにつかまって食べられてしまうという結末も知ってます。そのエンディングが必ず待ちかまえているとわかっていて、そこも含めて、「オオカミさん」を全力で楽しむんです。

H：普通の鬼ごっこじゃないの？

E：ある子ヤギはオオカミの準備が整った瞬間に部屋を出ていこうとしたり、三匹くらいでかたまっていればオオカミを撃退できるのではないかとチームを組んだり、一番強そうな子ヤギのうしろに隠れたりと、いろいろな「戦術」を見せるんです。

H：「ノリがいい」ってことかな。

E：もしかしたら、子供たちはどれだけ個性的な子ヤギになれるかを競っているのかもしれないし、同じような子ヤギに親近感をおぼえたり、逆に「ライバルだ」と思っているのかもしれません。けれど、いずれにしても集団の中で園児たちは、どうしたら「オオカミさん」をめいっぱい楽しめるのか、自分たちなりに導き出しているようなんです。子供が「やみつき」になる様子って、あらためていいものだなぁ、と感動しました。そして、この本を読んだり説明したりしなくても、どこかで潜在的に気づいていて実行できている時点で、オトナよりもずっとたくましくて賢いんじゃないか、とさえ思いました。オトナになると、たくさんのことを忘れてしまうんだなぁとシミジミ。でも、親になって子供たちのことを見つめて、あらためて遊び心に気づく。それでいいということも痛感しました。

H：あぁ。つまり、「これでいいのだ」ということだね。子供に学ぶことは多いよね。

# 第7章

# 「やみつき」から人間を考える

## ダークサイドに行かないために

### セルフコントロール

最初から気にしていたことではあるが、あらためて考えてみても、「やみつき」はどこか依存症と似ている。

何かをやるという考えにとりつかれている。最初考えていたのよりもエスカレートしている。しばらく遠ざかっていると落ち着かず、気になってしかたがない。学校よりも会社よりも大事なことのように思える。風邪をひいて多少熱があってもやる。これは依存症の特徴である。そして多くの「やみつき」の特徴でもある。

やはり「やみつき」は依存症の一種なのだろうか？

依存症と言えば、かってはアルコール、ニコチン、麻薬、覚せい剤といった「ドラッグ類」で起こるものとされていたが、このごろでは「ギャンブル依存」、「ゲーム依存」、「ネット依存」、「ケータイ依存」などなど、クスリを使わない「依存」も問題になってきた。もっとも、これらは本来の依存症ではないかもしれないが、そうなるとますます「やみつき」と

「依存症」が似ているように思えてくる。

この問題は本書の中でこれまでに何度か考えてきた。楽しいか、楽しくないかが一つの決め手だという話をした。実際、依存症になってしまうと楽しくないのである。脳の中には非常に大ざっぱに言うと、ある種の「快感」を感じる神経があるらしいが、依存症になると、この神経の活動は鈍くなる。アルコール依存や「ギャンブル依存」の人が酒やパチンコに手を出すのは、楽しみのためではなく、強迫的な欲求をまぎらわせる一時しのぎにすぎない。

「楽しみ」は、第3章で見たように、感覚や運動、認識や人間関係など、私たちの精神活動を総動員して味わうものだ。そこには「これでなくてはダメだ」というような余裕のない強迫的な性質はない。ただ、「やみつき」もエスカレートしてきたら強迫的になってくるのではないかと思われるかもしれない。たしかに「楽しみ」は「やみつき」と依存症を分ける大事なヒントだが、それだけでは足りないようだ。

ここでは「楽しさ」以外にあと二つほど、「やみつき」と依存症の違いについて考えよう。

まず一つめは「自己コントロール」ということである。

いま「わたし」が「やみつき」になっていることがあるとする。「わたし」はパソコンを使ったネットサーフィンにハマっているとしよう。図の上の段のように「わたし」のウェイトが大きく、「そのこと」を好きなようにコントロールしている場合は、健全な「やみつき」で、問題はない（図23）。ところが図の下の段のように、「わたし」が小さくなってしまい、「そのこと」が「わたし」を振り回すようになると、この行動は自分のコントロール範囲を超えているわけであり、これは困る。

図23　やみつきと依存

自己コントロールが効いているかどうかは、「始める」「やめる」というタイミングが自分の思い通りに制御できているかどうかで見分けがつく。たとえば、勤務中にケータイでそっとゲームを始めてしまったら、これはマズい。「始める」ことの自己コントロールが効いていない。あるいは、電車の中で始めたゲームがやめられず、駅のホームに降りても、ホームから改札口に通じる階段を上がるときにも、改札口を出るときに人に突き当たっても、それでもまだ続けているとなると、これもマズい。「やめる」ことの自己コントロールが効いていない。

コントロールが効いているかどうかは、行動の性質には関係ない。コンロトールが効いていなければ、たとえ対象が「正常なこと」でも病的だ。たとえばマネーゲーム。株取引、先物取引、外国為替取引などなど、こうしたものは正常な経済活動を支える根幹で、わが国もこれで生きている。まったく「問題な」行動ではないはずだ。ところが、こうした取引にのめり込み、引き際を知らずズルズルとハマっていくようだと、これは新手の「依存症」と考えなければならないだろう。

「やみつき」の行動に多様性を担保しておこうとしたのは、そのためである（第2章）。依存症になると行動のレパートリーが少なくなる。四六時中そのことしか考えなくなる。生きていくうえでのあらゆる努力がただその一点に集約されてくる。これは問題なので、いかに自分の好きな行動とはいえ、多様性を担保しておく。そうすると「いざとなったらこれはやめる」という決断ができる。「もっと面白いものがあるはずだ」と考えることもできる。これが大事なことである。そして、「何かおかしいな」と思う「もう一人の自分」がいることも大事である。「気づく」ことの大事さに触れたのもそのためである。

## 他者を大事に

もう一つ、依存症と「やみつき」の違いは、依存症になると他人を思いやる余裕がなくなるということである。私たち筆者がこの前の章を使って、少ししつこいぐらい他者との関係を強調したのはそのためだ。

依存症は究極の「自己チュー」、ドラッグをくれるのは良い人で、くれないのは悪い人だ。自分のこの行為のために他の人がいったいどれだけ迷惑するかというようなことはもう考えられない。ウソをつき、カネを盗み、家族や友人との関係をぶち壊す。

しかし、本書でポジティブに捉えてきたような「やみつき」は、他人との関係を大事にする。自分を育ててくれた人や、自分が好きになった人、誰でもいいが、誰か他人のために「どうしたら良いのか」を考えて行動することができる。私「だけ」がやみつきになるわけではなく、あなたも私と同じようにやみつきになる権利を持っている。ときには「わたし」の心に不満が生じても、「あなた」のために譲ることができる。良い「やみつき」になると、人間一人一人が持っている固有の価値を尊重することができる。

20世紀最大のチェリスト、パブロ・カザルスはこのように言う。

子供たち一人ひとりに言わねばならない
君は何であるか知っているか
君は驚異なのだ
二人といない存在なのだ
世界中どこをさがしたって君にそっくりな子はいない
過ぎ去った過去何百万年の昔から
君と同じ子供はいたことがないのだ

（中略）

そうだ、君は奇跡なのだ
だから大人になったとき、
君と同じように奇跡である他人を
傷つけることができるだろうか

（檜山乃武、２０１１『音楽家の名言２』ヤマハミュージックメディア）

他者はあなたと同じような「奇跡である存在」。その他者と良い関係を保ち、大切な人を愛する。それはすばらしい「やみつき」だ。

こういうわけで、「楽しさ」「自己コントロール」「他人を大事に」というチェックポイントを押さえておけば、多少は常軌を逸しているように見える行動でも、良い「やみつき」の範囲にとどめておくことができると思う。決して「依存症」と呼ばれるようなシロモノではない。

それで、これは私からのお願いだが、「依存症」という言葉を楽しいことに使わないでいただきたい。この言葉は苦しい病気を表すときに使うものだ。

依存症は決して特殊な病気ではない。心にすきま風が吹いているような状態だと、誰でも比較的容易に何かの依存症になってしまう。病気であるからには治療があり、リハビリがある。簡単に克服できるものではなく、「いかにも」の宣伝はたいていインチキである。だが、「もと患者」とそうでない人々が共に生きる世界がだんだんできつつある。ただ、依存症の当事者や家族が回復のために歩む道は厳しい。だから、ちょっと度を越した趣味のようなこと、楽しいことや遊びごとを「依存症」と言われると、本当に傷つく人がいる。

あなたの言葉で傷つく人がいる。これはなかなか想像しにくいことである。そんなときは「コミュニケーション」の節を思い出して、私からあなたに何かを伝えることだけではなく、何かを共有することがコミュニケーションだったと思っていただければ嬉しい。

## 人間の欲求と「やみつき」

### 衣食が足りなくても……

アブラハム・マズローという心理学者は、人間の欲求が次ページの図24のようなピラミッドの構造をしていると考えた。

一番根底には、食べるとか寝るといった「生理的な欲求」がある。その上には安定した家族や健康などを求める「安全と安定」がある。このピラミッドを建物にたとえると、三階に愛情や家族のきずなを求める「所属と愛情」、四階に「承認と尊重」。承認とは仕事が認められることや、他人を認め、他人からも認められることをいう。そうされるとプライドも高ま

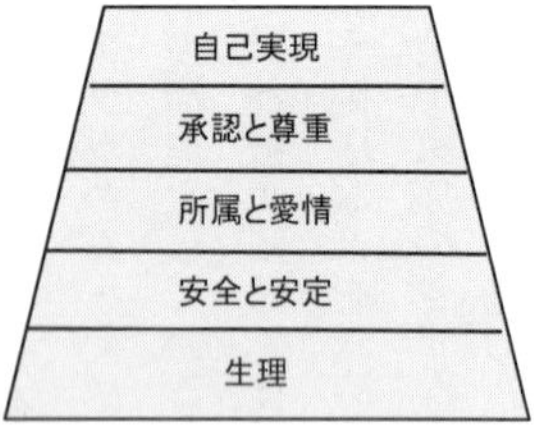

図24　欲求階層説

るということだ。五階は「自己実現」と言い、高い問題解決能力、偏見からの自由、創造性、現実をあるがままに受け容れる能力などへの欲求である。たいていこれは五階建てと思われているが、実はその上に六階がある。第六階は「至高体験」によって「わたし」という狭い自我を超えた高度な境地に達する欲求で、「自己超越欲求」という。少しスピリチュアルな色合いがあり、確かめることもできないので、たいていの心理学の教科書では省略してある。

話を戻すと、マズローはここに二つの大事な仮定を置いた。その一つは、人間は自己実現を目指して成長する存在だという仮定である。もう一つは、より低次の欲求が満たされたところで、高次の欲求が発生してくるという仮定である。そうすると、「承認と尊重」や「自己実現」が欲求として現れてくるためには、それより低次の欲求、たとえば「食欲」とか「安心への欲求」などが満たされていなければならない。

この話を聞くと、私はいつも「衣食足りて礼節を知る」という言葉を思い出す。つまり衣食が足りていなければ自己実現もへったくれもない、というのが階層説の考えである。

しかし私はそこを疑問に思うのだ。

太平洋戦争の敗戦から1年も経っていない昭和21(1946)年の夏のことである。この年、8月9日から30日まで、東京の帝国劇場でチャイコフスキーのバレエ『白鳥の湖』の全曲公演が行われた。オーケストラの楽譜は日本になく、指揮者の山田和男(一雄)がピアノ譜から管弦楽に編曲したという。まだ海外からの引き揚げ事業は始まっておらず、あちこちに焼け跡が残り、人々は日々の暮らしにも事欠いていた。だが、このバレエ公演は大成功だった。「交通機関も省線以外になく、食糧難で米よこせデモなど、現在の若い人達には想像さえできない時代であった。焼けつくような盛夏の最中の公演は文字通りの超満員の連続であった」といわれる(掛下慶吉、1973『昭和楽壇の黎明』音楽之友社)。

衣食が足りていなくても、あるいは、足りていないからこそ、人は美しいもの、何か夢中になることができるものを求める。そうではないだろうか?

アルバイトをしながら芝居に打ち込む若者、駅頭で歌を披露するストリートミュージシャン、屋根裏で猫と暮らしながらせっせとカンバスに向かうフリーの絵描きなど、食欲は満たされていないかもしれないが、日々の暮らしに充実感とやりがいを感じている人はたくさんいる。つまり私たちは、階層構造の中の低次の欲求をすっ飛ばしても、高次の欲求を満たすことができるのではないだろうか。

低次の欲求が満たされれば、自然にもっと高次の欲求が生まれてくるというわけでもない。ぬくぬくした生活を確保するためにひたむきに生きることをあきらめたら、どんな人生が待っているのだろう？　飽食して豊かな生活を営み、安全の欲求や愛情の欲求が満たされているように見えても、心のどこかにすきま風が吹いている人はたくさんいる。何にも熱中することがなく、生き甲斐《がい》を見つけることもできなければ、空疎な感覚に悩まされることだろう。

人間の欲求は、マズローが考えるほど単純なピラミッド構造を持っていないのではないか？　これが「やみつき」を考えながら私が思ったことである。

**いままでとは違う自分に**

「やみつき」になると人は変わる。しかし、それは案外難しい。

人は文脈の虜《とりこ》だ。昨日の私と今日の私は、まるで連続ドラマを見ているかのように、ひとつの連続した軸の上につながって存在していないと落ちつかない。昨日と逆のことを言っている人は、一般的に考えたら信用できない人なのだ。

しかし、歴史はくつがえされてこそ歴史的な瞬間として記録される。つまり、変化や分岐点が目に見えるから記憶に残る。いま当たり前になっていることで昔はNGだったことは山ほどあるし、その逆もたくさんある。

もし、過去に自分がやってきたことや、言ってきたことをゼッタイ変えずに続けろというのであれば、これは極端な話、人々に対して「新しい環境に適応するな」と言うのと同じことだ。一度間違った道を歩み始めた人は、ずっとそのまま間違い続けなければならない。つまり「生存するな」と言われているのにひとしい。その考えにはいくらなんでも、私たちはまず生物として抵抗しなければならない。

そんなわけで、まず自分の過去に反発してみてはどうだろう？　世の中にはたくさんの人がいる。いままでの自分を栄光の人生と振り返ることができる人もいれば、リセットしたいと思う人だっている。そのどちらについても、そのままの状態を今後も続けていく先に「変化」は訪れない。栄光の日々をさらに輝かせるためにも、暗く沈んだ日々から抜け出すためにも「変化」が必要だ。

その「変化」を呼び込み、最初の一歩を踏み出すに際して、大事なキーワードがある。

それが「レディネス」、準備性などと訳される心理学の言葉である。レディネスとは、ある物事を習得しようとするときに、それをすんなり受け入れる準備ができあがっているかどうかを示す言葉だ。発達心理学などでよく使われる。

たとえばいきなり野球の投球を上達させることはできない。まずは体を自在に動かすこと、ボールという物体に慣れるというレディネスが必要になる。「やみつき」にも当然のことながらレディネスが必要だ。もちろん、何かに「やみつき」になるためにどんな準備がどれくらい必要なのかは千差万別。自分の人生で具体的に何が「やみつき」の対象となり、どのタイミングでその「やみつき」を始める準備が整うかは、誰にもわからない。

けれども、一つだけ確実に必要な「レディネス」がある。

それは自分自身の心の中の抵抗を取り除くことだ。

こんなこと始めちゃっていいの？　何か悪いことが起こったりしない？　誰かから後ろ指を差されたりしない？　そんな自分にとっての不利益が頭を過《よぎ》ると、新しいことを始め、夢中になるのを敬遠しがちになる。それに、慣れないことを始めるには不安もある。慣れていたはずのことでさえ、しばらく遠ざかっていると感覚を忘れる。再び手を出すときには恐ろしさを感じるものだ。

だが、リスクの少ないことばかりやっていたら、達成感がない。

何もヒントのないところから自ら正解を導き出すのと、常に攻略本を先に読んでからゲームを進めるのとでは、いったいどちらが充実した遊びになるのかは明らかだ。いまはいろいろな分野で数値を基に成果の判断を下すことが多いが、そのことばかりに集中してしまうと、本来やるべきことから脱線し始める。一寸先は闇。進んでみないとわからない。そう思わないと、自分の人生が「出来レース」に見えてくる。誰かが演出してくれた人生と、振り返ってみたときに劇的だった人生とでは、自分の中に蓄積された「達成感」が違うだろう。

## 答えを求めるチカラ・答えを求めないチカラ

### 「答え」と「応え」

フリッツ・ハイダーという心理学者がいた。20世紀の前半にドイツからアメリカに渡り、今日の社会心理学の基礎を築いた人だが、この人が「帰属理論」ということを言い始めた。

簡単に言うと、私たちには自分や他人の行動、そしてその周囲の出来事がなぜ生じたかを知ろうとする傾向がある。たとえば、私が富士山登頂に成功したとする。「これはやっぱり、自分の能力、トレーニングをやり遂げる力と、やる気の勝利だな」と思うならば、その成功体験を自分自身に「帰属」させたわけである。そうではなく、「これは天候が良かったからだ。それに、途中で声をかけてくれた人の励ましのおかげでもある」と思えば、それは成功体験を外的な要因に「帰属」させたことになる。人間である限り、人間の行動に誰しも関心を持つわけで、日常生活のいろいろなところで、いわば「素朴な心理学」とでも言うべき活動が行われる。そこで原因は自分にあるのか、状況にあるのかを考えるわけである。

ところが、その答えが簡単には出ないのが「やみつき」だ。「どうしてこんなものに夢中になったか?」は、自分でも説明できないことのほうが多いはず。だが、それでいいのではないだろうか? むしろ筆者たちは、「このところちょっと〝確実な答え〟を求めすぎではありませんか?」と問いかけてみたい。

答えを求めず、さりとて、これまでにやってきたことの繰り返しにも安住せず、はじめから攻略法のわかっているようなゲームをやるわけでもない。うまくいけば大きな達成感があるはずだが、何を達成しても目標が「もっと先へ」進むから、「これで終わり」ということがない。それが「やみつき」。この状態で生きるには、けっこうな力が必要だ。

だが、ムダをなくし、効率良く、最短距離で最適解を、という現状にはちょっと飽きた。

あまりにも遊びがない。ゆらぎがない。そうではないだろうか？

「やみつき」は他人から見たらバカバカしい行為かもしれない。成果があがるとは限らず、やってはみたがみじめな失敗に終わることも多い。それでも性懲りもなく「あいつまた始めたよ」と言われるようなこと。当人もわけがわからない。確実に帰属させられる説明なんかない。それをやってみようというわけである。

主に高校までの勉強では、私たちは何事にも答えがあり理由があると教わってきた。とくに理数系の場合は、答えは一つに決まるものかもしれなかった。しかし、その答えにたどり着くパターンは何通りもあった。答えそのものよりも、答えに至る過程を大事にし、いつまでも答えを探ることに興味があった。だが、人生で本当に出合う問題には答えはない。さてどうするか？

ここで、「答え」と「応え」の違いということを考えておきたい。

「答え」は「問い」を終わらせてしまうような解答。それに対して「応え」はいつまでも「問いかけ」を許すコミュニケーション手段である。大切なのは、たった一つの真実を見抜くことではなくて、同じことでも違うことでもかまわないから、問いかけや謎かけに「応え」続けることだと思うのだ。「やみつき」とは、その対象からやってくる問いかけや謎かけに応え続けることにほかならない。「答え」が見つかった瞬間、それは「やみつき」の終焉でもある。「答え」を求める心ではなく、「応え」を保つ心を持っていたい。私たちは何かからの「挑戦の呼び声」を聞くことができるだろうか？　美しい花は「もっと美しく咲かせて」と私を誘惑している。実験室のネズミは、「しわが一本もないオレたちの脳のことについてオマエに何がわかるか？」と私を挑発している。『モンスターハンター』のモンスターは、「狩れるなら狩ってみろ！」とハンター（プレイヤー）に挑戦状を叩《たた》きつけてくる。山は、山登りにやみつきになっていない人にはただの地面の隆起だが、登りたい人にはさまざまな表情や声を発して登山家を誘う。こういう問いかけや誘いに「応え」続けていると、世界がいろいろな意味を持って見えてくるものだ。

## 遊びのチカラ

私たち二人の著者は、これから人生の坂を上るのか下るのかという違いはあるが、いまより少し先の未来がいまよりも少しだけ良い世界になって欲しいと願っている。あまり遠い未来のことはわからないし、一挙にすばらしい世界を実現させようと思うと、かつてイデオロギーにとらわれた改革や革命がいろいろ失敗したように、どこかに無理が生じる。

どうすれば少し先の世界が良くなるのか？　もちろんこの本はそういう大きな問題の答えを考えようとしたものではないし、私たちにはその課題は大きすぎる。

ただ、私たち二人とも信じたい力が二つある。

一つは、一人一人が持つ力。ここでいう「力」は、学業や仕事で成功する力とか、自己啓発書やビジネス書に書いてあるような力、たとえば時間を効率的に使うことだとか、たくさんの情報をうまく扱うことだとか、そういったものとは関係ない。成功するかどうかなんて、どうでもよろしい。他の人と比べることにも意味がない。なぜなら、前にも書いたように、他の人のレベルが低ければ、あなたのレベルが低くても「勝利」してしまうからだ。そうではなく、「これは面白いな」と思う力、「面白そうだからやってみよう」と思う力のことで、これは誰でも持っている。

もう一つの力は、他人を大切に思う力。私一人でできることには限りがある。そこで私が力を集約してしまうよりは、あなたと分けあったほうが大きなことができる。それはなにも「自己犠牲」と呼ばれるような立派なことではなく、一人でこっそりやるよりはもっと大きな楽しさを味わうため、「楽しさ」を広い範囲に伝えていくためだ。

こうやって私たちは「遊んで」きた。

遊びだから「やみつき」になることができた。

いま、誰もがみな少し疲れているが、この疲れる日々の暮らしさえも「遊び」に変えられる力を私たちは持っていると思う。本書はべつに本業をおろそかにして趣味を持ちましょうと勧めているわけではない。ものの考え方一つであらゆることが「遊び」になり、「やみつき」になるのなら、そこで私たちのパワーが発揮できる。難しいことではない。空の雲がイワシやヒツジの形に見えるとき、私たちはもう「遊んで」いる。松の木で作った箱にヒツジの腸を張り、それをウマのしっぽの毛でこすった音に思わず涙するとき（何の楽器のことを言っているのかわかりますね）、私たちは十分に「遊んで」いる。子供たちが走り回っている様子を見て、「楽しそうだな」と思えたとき、我々はオトナであっても「遊び心」を取り戻している。「はやぶさ」のようなプロジェクトは、放課後に自転車で原っぱに集まり、「何して遊ぶ?」と夢見た子供のころと同じ心が実現させたものだ。

さてと。

今日はこれから、何をして遊びましょうか――。

# あとがき

私（遠藤）がかつて「公文式」を習っていたとき、将来は理系の人間になるものだとばかり考えていた。しかし、その後長い年月を経て、心理学に惹《ひ》かれたのは、神秘的で哲学的な、要するに文系的な部分が魅力的だったからだ。ただ結局、「心を科学する」という心理学の根本的なスタンスを知って、「やっぱりボクは理系なのね」と悟ったのを覚えている。そんな私だが、いまこの時点での人生は、ゲームやアニメといったエンターテインメント作品が紡ぎ出す文系的な日々に彩られている。

このように書いておいて身もフタもない言い方だが、そもそも文系や理系とはいったい何なのか、どんな違いがあるのかさえわからなくなってしまったのが本音だ。でも、それでいいと思う。要するにものの見方の違いだろう。ある人は数字を使って、とことん理系的な手法で物事の追究に人生を費やすかもしれない。ある人は絵や言葉を使って。あるいは、それらを同時に使う人もいるだろう。絵か文字か数字か。上から見るか下から見るか横から見るか……。そうしたアプローチの仕方そのものが、まさに人の個性を表しているんじゃないかと私は思う。

しばらく文系と理系の違いを強く意識してきた私だが、いつのまにかこの二項対立を乗り越えられていた。「どちらか」ではなくて「どちらも」ということが、実は世の中にはたくさん存在することにやっと気づいたのだろう。自分自身、白か黒かの世界を体験したがゆえに、成長するにしたがって灰色でいい、灰色がないと楽しめないということがわかってきたのだと思う。現時点での自分の答えは、「白か黒か」もいいし「灰色もいい」である（笑）。

多くの方が気づいているように、インターネットでさまざまな情報が検索できる昨今、その情報の真偽は別にして、少なくとも知識がどれだけあるのかということはますます意味をなさなくなってきたように思う。情報を探すだけなら誰にでもできる。それよりも、どんな視点から、どんな方法で、どんな夢を見て（未来を見つめて）情報と向き合うかが「頭の良さ」といえるんじゃないか。こうなってくると、同じ物差しを使って学生や社員を評価することもどれだけ意味のあることかわからない。もしかしたら、浅くて狭い見方にも価値があるのかもしれない。というかきっと価値がある。肝心なのは、そうした自分の見方に自信を持って、堂々と歩んでいけるかどうか。

本書を書き上げたいま、私が切にお伝えしたいのは、自分の人生そのものにやみつきになろうということだ。まず自分はどんなものが気になりがちで、どこに目を向けるのか、そして、どんな方法で接近しようとするのか。そうした自己分析ができるようになれば、自分が歩む道にはやみつきの対象が常に転がっていて、一歩一歩が楽しくなるだろう。つぎは何が自分を楽しませてくれるのか、ワクワクの連続だ。

できることならどんなときも、他人の目を気にせず自分のやりたいことを好きなタイミングでやっていくことが、人間の豊かさにつながるのかもしれない。そうすると変化の絶えない人生になるだろうが、むしろそのほうが俄然《がぜん》楽しい。いまを生きる私たちにとって、いつ、いかなるときに変化の瞬間がやってきてもおかしくはない。さぁ、いま！　自分の直感を信じて、やみつきになりそうな何かに飛びついていただきたい。

本書の企画のお話をいただいたとき、等身大の自分で最大限楽しみながら書いてやろうと思った。あとがきを書いているいまの段階になって、そのことを再度実感する。初めての本の執筆。学生時代の教授との初めての共著。初めてばかりが待ち受けるこの執筆を前に、私の心は躍ってくれたのである。

　私のことを御存じでない方のほうが多いので、私の言っていることにどれだけ信憑《ぴょう》性があるのかは怪しいと感じられるかもしれない。「この若造が。聞いたふうな話をして！」と感じられる方もいらっしゃると思う。でも、言いたいことを言えるチャンスに巡り合えただけで十分幸せという前提で、「ここで言わずしていつ言うのか」という気持ちのほうが大きく膨らんだ。思っていることや考えていることをいま、このチャンスで発信することに「やみつき」にならずしてどうするか、と。私は皆さんが想像する以上に、強い覚悟でこの本に挑んだ。いま改めて、そのときの覚悟がズズズッと心の中に湧いてきた。共著者にフォローしてもらいながら、私は自由に書かせていただいた。私の「やみつき」を、少なくとも共著者や編集の古川氏が支えてくれると信じていた。一方的で無責任な信用かもしれないけれど、私はそういう信じ方が、私自身の力を増幅してくれることを信じてもいる。

　本書で取り上げたエピソードの中には、私の家族、親友たちとの日々のセッションもふんだんに盛り込んだ。そんな私の周囲の方たちにも、信じてもらえると勝手に思い込んで書いた。つまりこの本は私にとって、それらの方々とのコミュニケーションであり、つながりでもある。何かに「やみつき」になる私を全肯定すること。私自身がそれを、文章の中で体現することと。見てもらい、感じてもらうこと。それが、「やみつき」になってもいいということの証明になるような気がした。
私は、ゲームで初めて一緒に遊ぶことになる人とでも、相手を信じた状態で遊び始める。なんだろう、具体的に何をどう信じているかは説明ができない。とにかく、このあと一緒に遊んで楽しい思いができることを、信じて疑わないのだと思う。それとまったく同じように私は、この本を読んでくださった皆さんを、会ったことがない方が大勢いるであろう皆さんを、なぜか信じられる気がした。おかしなことを書いているかもしれないけれど、それで私は「やみつき」になれたんだと思う。

したがって、最後に出てくる言葉はこれしかないのだ。「やみつき」にさせていただいてありがとうございます！

遠藤智樹

○第3章


・ジョナサン・バルコム（土屋晶子訳）（2007）.『動物たちの喜びの王国』インターシフト

・Kelly AE, Berridge KC. (2002). The Neuroscience of natural rewards: Relevance to addictive drugs, *J Neurosci.*, **22**: 3306-3311.

・Knutson B, Burgdorf J, Panksepp J. (2002). Ultrasonic vocalizations as indices of affective states in rats. *Psychol Bull.*, **128**: 961-977.

・Oohashi T, Kawai N, Honda M, Nakamura S, Morimoto M, Nishina E, Maekawa T. (2002). Electroencephalographic measurement of possession trance in the field, *Clin Neurophysiol.*, **113**: 435-445.

・Harris JA, Gorissen MC, Bailey GK, Westbrook RF. (2000). Motivational state regulates the content of learned flavor preferences. *J Exp Psychol Anim Behav Process*, **26**:15-30.

・Zajonc R. (1968). Attitudinal effects of mere exposure. *J Person Soc Psychol Monograph Supple.*, **9**: 1-27.

・Boecker H, Sprenger T, Spilker ME, Henriksen G, Koppenhoefer M, Wagner KJ, Valet M, Berthele A, Tolle TR. (2008). The runner's high: opioidergic mechanisms in the human brain. *Cereb Cortex*, **18**: 2523-

2531.

・Reverberi C, Toraldo A, D'Agostini S, Skrap M. (2005). Better without (lateral) frontal cortex? Insight problems solved by frontal patients. *Brain*, **128**: 2882-2890.

・下斗米淳（2000）．友人関係の親密化過程における満足・不満足感及び葛藤の顕在化に関する研究―役割期待と遂行とのズレからの検討　実験社会心理学研究　**40**:1-15.

○第４章

・Burgess PW, Quayle A, Erith CD. (2001). Brain regions involved in prospective memory as determined by positron emission tomography, *Neuropsychologia*, **39**: 545-555.

・青柳肇（1997）．達成動機　日本行動科学学会編（編集代表加川元通）『動機づけの基礎と実際』川島書店 pp.175-189.

・渡辺智英夫（2006）および豊原利樹（2006）は北山修（監修）妙木浩之（編）『日常臨床語辞典』誠信書房

・Csikszentmihalyi M. (1975). *Beyond Boredom and Anxiety: Experiencing Flow in Work and Play*, Jossey-Bass Inc.

○第5章

・佐伯怜香・新名康平・服部恭子・三浦佳世（2006）．児童期の感動体験が自己効力感・自己肯定意識に及ぼす影響　九州大学心理学研究　**7**: 181-192.

・斉藤富由起・小野淳・社浦竜太・守谷賢二（2008）．高校生における居場所感と自己肯定感および無効化環境体験との関連性　千里金蘭大学紀要　pp.69-81.

・山田秀樹（1998）．スポーツにおける「至高体験」と「どん底体験」の研究　北海道東海大学芸術工学部紀要　**28**: 13-16.

・石川達哉・数又研・中山若樹・安田宏（2007）．脳動脈瘤手術の expert を育てる教育はどのようにするか　脳卒中の外科　**35**: 364-369.

○第6章

・Travers J & Milgram S. (1969). An experimental study of the small world problem. *Sociometry*, **32**: 425-443.

・森由美子（2006）．子供たちの異文化間コミュニケーション　情報処理　**47**: 276-282.

・Dodds PS, Muhamad R, Watts DJ. (2003). An experimental study of search in global social networks. *Science*, **301**: 827-829.

・Mehrabian A & Wiener M. (1967). Decoding of inconsistent communications. *J Person Soc Psychol.*, **6**: 109-114.

・Osaka N, Osaka M. (2005). Striatal reward areas activated by implicit laughter induced by mimic words in humans: a functional magnetic resonance imaging study. *Neuroreport*, **16**: 1621-1624.

・Cattaneo L & Rizzolatti G. (2009). The mirror neuron system. *Arch Neurol.*, **66**:557-560.

・Hooker CI, Verosky SC, Germine LT, Knight RT, D'Esposito M. (2010). Neural activity during social signal perception correlates with self-reported empathy. *Brain Res.*, **1308**:100-113.

・Zajonc RB. (1965). Social facilitation. *Science*, **149**: 269-274.

・Oohashi T, Kawai N, Honda M, Nakamura S, Morimoto M, Nishina E, Maekawa T. (2002). Electroencephalographic measurement of possession trance in the field. *Clin Neurophysiol.*, **113**: 435-445.

・Castano E, Yzerbyt V, Paladino MP, Carnaghi A. (2006). Extenting the self in space and time: social identification and existential concerns. In Brown R & Capozza (Eds) Social identities: motivational emotional and cultral influences, *Psychology Press*, pp.73-90.

廣中直行（ひろなかなおゆき）
1956年山口県生まれ。東京大学文学部心理学科卒業。実験動物中央研究所、理化学研究所脳科学総合研究センター、専修大学教授などを経て、NTTコミュニケーション科学基礎研究所／科学技術振興機構CREST研究員。著書は『人はなぜハマるのか』『快楽の脳科学』『心理学へのスタディガイド』など。
遠藤智樹（えんどうともき）
1978年東京都生まれ。専修大学大学院文学研究科心理学専攻修士課程修了。専門は社会心理学。その後、アニメ制作会社にて制作進行を一年間経験。現在は(株)エンターブレイン刊行のゲーム誌『ファミ通コネクト！オン』でwodnetというペンネームで連載中。

「ヤミツキ」の力《ちから》

2011年12月20日初版1刷発行

著　者 — 廣中直行　遠藤智樹
発行者 — 丸山弘順
装　幀 — アラン・チャン
印刷所 — 萩原印刷
製本所 — 関川製本
発行所 — 株式会社光文社
東京都文京区音羽1-16-6(〒112-8011)
http://www.kobunsha.com/
電　話 — 編集部03(5395)8289　書籍販売部03(5395)8113
業務部03(5395)8125
メール — sinsyo@kobunsha.com

 ISBN 978-4-334-03657-7

533
人は上司になるとバカになる
菊原智明
なぜ優秀な先輩、気さくな先輩が、昇進したとたんにイヤな上司に変貌するのか？ その秘密を、彼らへの対処法と共に解き明かす。東レ経営研究所特別顧問・佐々木常夫氏推薦！
978-4-334-03636-2

534
内科医が教える
放射能に負けない体の作り方
土井里紗
放射性物質による低線量被曝、内部被曝の影響をできるだけ少なくするには…？ 食事法、栄養療法、生活習慣、デトックス法など、日常的に実践可能な具体的対策を紹介する。
978-4-334-03637-9

535
ふしぎなふしぎな子どもの物語
ひこ・田中
テレビゲームから、テレビヒーローもの、アニメ、マンガ、児童文学まで、「子どもの物語」を串刺しにして読み解く試み。そこから見えてきた「子どもの物語」の変化とは？
978-4-334-03638-6

536
世界最高のピアニスト
許光俊
心を動かす演奏って何？ 美しい音って何？ まずは聴いてみよう。20世紀以降の名ピアニストたちの演奏を、感じ、悦び、楽しむためのクラシック案内。名演CDリストつき。
978-4-334-03639-3

537
専門医が教える
がんで死なない生き方
中川恵一
Dr.中川が〝がんは遺伝〟〝がん家系〟といった誤解を解き、予防法から治療まで徹底解説。多くの専門医からのアドバイスや放射線の疑問に答えるコラムも充実。〝使える〟一冊。
978-4-334-03640-9

538
## 「銅メダル英語」をめざせ！
発想を変えれば今すぐ話せる
林則行
英語の成績最下位の著者がトップになり、MBA留学を成功させ、世界で活躍する国際金融マンになった最短・最速の実践的上達法を大公開。本邦初、英語嫌いが書いた英語の本。
978-4-334-03641-6

539
## 宇宙のダークエネルギー
「未知なる力」の謎を解く
土居守　松原隆彦
宇宙の真の姿とは？　最新の宇宙論と天文学が問いかける謎が、いま、大きな注目を集めている。宇宙とは、いかなる存在なのか——。理論と観測の両面から迫る、刺激的な一冊。
978-4-334-03642-3

540
## 愛着障害
子ども時代を引きずる人々
岡田尊司
いま多くの人が、愛着の問題を抱えている！　人格形成の土台ともいうべき「愛着」を軸に、生きづらさやうつ、依存症などの問題を克服するうえで、新しい知見を提供する。
978-4-334-03643-0

541
## もうダマされないための「科学」講義
菊池誠　松永和紀　伊勢田哲治　平川秀幸　飯田泰之＋SYNODOS編
科学とはなにか？　科学と科学でないものの間は？　科学を上手に使うには？——学校が教えてくれない、科学的な考え方を、稀代の論客たちが講義形式でわかりやすく解説。
978-4-334-03644-7

542
## 統計・確率思考で世の中のカラクリが分かる
髙橋洋一
「統計数字はウソをつかないが、それを使う人はよくウソをつく」——正しいデータ解析方法や統計のウソを見破る方法を解説。天才・タカハシ先生の問題解決ツールを伝授！
978-4-334-03645-4

548
# 男の一日一作法
小笠原敬承斎

相手を思う気持ちを先（遠く）へ先へと馳せることで、おのずとふるまいは美しくなる。この「遠慮」のこころを、訪問、食事、冠婚葬祭、服装、行動など、日常の作法を通して身につける。

978-4-334-03651-5

549
# 泣きたくないなら労働法
佐藤広一

働く人を守る法律・労働法には、知って得する情報が詰まっています。経営者も、労働者も、不安な時代に泣き寝入りしないための、ポイントを押さえたコンパクトな労働法入門。

978-4-334-03652-2

550
# 1勝100敗！あるキャリア官僚の転職記
## 大学教授公募の裏側
中野雅至

倍率数百倍の公募突破に必要なのは、コネ？　実力？　それとも運？　本邦初、大学教員公募の実態をセキララに描く。非東大卒キャリア官僚による、トホホ公募奮戦記。

978-4-334-03653-9

551
# 手塚治虫クロニクル 1968〜1989
手塚治虫

'68年〜'89年の傑作選〝下巻〟。「ブラック・ジャック」「アドルフに告ぐ」や、絶筆となった「ルードウィヒ・B」を収録した豪華な一冊。上巻と合わせてテヅカがまる分かり！

978-4-334-03654-6

552
# エリック・クラプトン
大友博

英国生まれの白人でありながらブルースを追い求め、多くの名作を残してきたクラプトン。長年取材を重ねてきた著者が、伝説のギタリストの実像と、その音楽世界の魅力に迫る。

978-4-334-03655-3

553
## 下流社会　第3章
オヤジ系女子の時代
三浦展
映画鑑賞よりお寺めぐり、イタリアンより居酒屋に誘われたい、影響を受けやすいのは彼の趣味より父親の趣味……。そんな男性化した女子の趣味・関心から、消費社会を分析する。
978-4-334-03656-0

554
## 「ヤミツキ」の力
廣中直行　遠藤智樹
やみつきとは元来は病だが、アスリートの巧みな動きや職人の技などはやみつきの賜物とも言える。本書ではやみつきを前向きに捉え、最新の科学からその可能性に迫る！
978-4-334-03657-7

555
## 平家物語
新書で名著をモノにする
長山靖生
無常と普遍、栄光と没落――人間のたくましさ、バカさを学ぶ最高のテキストを、末世のような現代に読み直す試み。登場人物を立場・身分に分け、その心の動きを眺めつつ読み解く。
978-4-334-03658-4

556
## 西洋音楽論
クラシックに狂気を聴け
森本恭正
日本におけるクラシック音楽の占める位置は何処にあるのか。クラシック音楽の本質とは何か。作曲家・指揮者としてヨーロッパで活躍してきた著者が考える、西洋音楽の本質。
978-4-334-03659-1

557
## ご老人は謎だらけ
老年行動学が解き明かす
佐藤眞一
なぜキレやすい？　なぜいつまでも運転したがる？　なぜ妻と死別した夫は再婚したがる？――一見「わけのわからない」老人の心理・行動を、老年行動学の第一人者が解明する！
978-4-334-03660-7